AF209992

Kurt Tepperwein

# Werden Sie Ihr eigener
# Lebensarchitekt

# Kurt Tepperwein

# Werden Sie Ihr eigener Lebensarchitekt

FSC
www.fsc.org
MIX
Papier aus ver-
antwortungsvollen
Quellen
Paper from
responsible sources
FSC® C105338

© 2006 by mvg Verlag, ein Imprint der Münchner Verlagsgruppe GmbH

**2024 © by Kurt Tepperwein**
www.iadw.com

ISBN: 978-3-7583-1009-6

Die Deutsche Nationalbibliothek verzeichnet diese Publikation
in der Deutschen Nationalbibliografie; detaillierte bibliografische Daten
sind im Internet über www.dnb.de abrufbar.

Umschlaggestaltung: www.layART.li
Cover-Illustrationen: depositphotos
Herstellung und Verlag: BoD – Books on Demand, Norderstedt
Made in Germany

Internationale Akademie der Wissenschaften (IAW) Anstalt, FL-9490 Vaduz
Tel. +423/233 12 12

# Inhaltsverzeichnis

## Vorwort
## Sie können Ihr Leben planen wie ein Architekt sein Traumhaus

Die Kunst, das Leben zu meistern, wird an keiner Schule und an keiner Universität gelehrt. Gehört es nicht zu den gravierendsten Mängeln unseres Bildungssystems, dass es uns bei den wirklich wichtigen Lebensfragen allein lässt?

- Wo lernen wir, unser Leben so zu führen, dass wir unsere Lebensziele spielerisch und mühelos erreichen können?
- Wo lernen wir, den Beruf zu ergreifen, der uns wirklich Erfüllung bringt?
- Wo lernen wir, selbst ein idealer Partner für andere Menschen zu werden, um so unseren idealen Partner zu finden?
- Wo lernen wir, Gewinn bringend mit Geld umzugehen?
- Wo lernen wir, uns so zu verhalten, dass wir ein Leben lang über Gesundheit und unbändige Lebensvitalität verfügen?

Das macht doch eine lebensorientierte Bildung aus und nicht die Kenntnis darüber, wie lang der Mississippi ist, wie viele Einwohner New York hat und wann Einstein geboren wurde.

Was wir in der Schule nicht lernen, das lehrt uns das Leben (und meistens mit viel Lehrgeld). Wenn Sie mit diesem Buch wirklich arbeiten, dann haben Sie eine geringe Investition getätigt, die Ihr Leben dramatisch ändern kann: Es führt Sie an die Sonnenseite des Lebens.

Sie sind beim letzten Satz genau wie ich über das Wort „arbeiten" gestolpert? Ich möchte dieses Buch nicht als „Arbeitsbuch" sehen, sondern eher als eine Spielanleitung. Denn glauben Sie mir: Entweder meistert man das Leben spielerisch – oder gar nicht.

Ich lade Sie also zu einem faszinierenden Spiel ein: Tun Sie einmal so, als ob Sie Ihr Leben planen könnten wie ein Architekt sein Traumhaus. Lassen Sie alles beiseite und prüfen Sie einmal spielerisch, wie viel Fantasie in Ihnen noch lebt, welche Träume noch verwirklicht werden wollen, welche Potenziale in Ihnen noch schlummern.

Die meisten machen den Fehler, Ihre Zukunft aus der Vergangenheit zu planen: Die Zukunft ist dann nur eine langweilige Fortsetzung der Vergangenheit. Die Chinesen haben ein einfaches Sprichwort, das aber sehr zum Nachdenken anregt: „Wenn wir unsere Richtung nicht ändern, landen wir wahrscheinlich da, worauf wir uns zubewegen."

Wenn Ihre Zukunft nicht einfach eine Fortsetzung der Vergangenheit sein soll, lade ich Sie ein, die Richtung Ihres Lebens zu verändern: *Leben Sie ab heute nicht mehr aus der Vergangenheit, sondern aus der Zukunft!*

Lassen Sie sich von mir einladen, Ihr Leben zu gestalten, wie ein Architekt sein Traumhaus verwirklicht. Es ist gleichzeitig ein Spiel mit Ihrem Unterbewusstsein. Es versteht am besten die Sprache der Bilder, um nicht zu sagen: Es versteht gar keine andere Sprache! Während Sie in Ihrer Fantasie Ihr Traumhaus bauen, trägt Ihr Unterbewusstsein dazu bei, dass aus dem Traum Wirklichkeit wird.

KAPITEL 1

# SELBST-BEWUSSTSEIN: EINLADUNG ZUM SELBSTGESPRÄCH

Sein Traumhaus zu konzipieren setzt ein starkes Selbstbewusstsein voraus. Wer kein Selbstbewusstsein hat, der träumt nicht einmal von einem Traumhaus. Was aber wollen wir unter „Selbstbewusstsein" verstehen? Nehmen wir es am besten wörtlich und erkennen so die Weisheit der Sprache. Selbst-Bewusstsein heißt, „sich selbst bewusst zu sein". *Das setzt einen gewissen Abstand, eine Distanz, eine Selbstbeobachtung voraus: Ich denke nicht nur, sondern denke über mein Denken nach.*

Selbstbewusstsein heißt also nur vordergründig, eine „breite Schulter zu haben", heißt ganz und gar nicht, ein rücksichtsloser Egoist zu sein, sondern sich differenziert wahrzunehmen. Sehr subtil verstehen wir unter Selbstbewusstsein dann auch, „sich seines SELBST bewusst zu sein": Ich habe nicht nur ein „kleines Ich", das EGO, sondern auch ein „großes ICH", mein wahres SELBST. Ein selbstbewusster Mensch lebt aus seinem SELBST heraus, seiner Seele. Es ist genau das Gegenteil von Egozentrik.

Diese Beobachterrolle sich selbst gegenüber können Sie sehr schön durch ein liebevolles Selbstgespräch einnehmen. Dabei sollten Sie klar zwischen dem ständigen inneren „Gequassel" und einem bewusst geführten Selbstgespräch unterscheiden.

## Kommen Sie mit sich SELBST ins Gespräch

Die beste Methode eines bewussten Selbstgesprächs ist, sich Fragen zu stellen, sich *in Frage* zu stellen. Nun fällt es vielen Menschen schwer, interessante und weiterführende Fragen zu finden. Das ist schon eine Kunst! Aber genau dabei kann und will Ihnen dieses Büchlein Hilfestellung bieten!

Sie werden hier viele Fragen finden. Es ist ein richtiger Schatz an weiterführenden Fragen, die Sie anregen können, über sich selbst nachzudenken. Beantworten Sie für sich einfach nur die Fragen, die Sie wirklich ansprechen: Die Qualität der Antwort ist eine Qualität der Frage. Sie dürfen auch gerne auf Wasser-Fragen eine Champagner-Antwort geben!

Eine weitere Methode auf dem Weg, Ihr eigener Lebensarchitekt zu werden, ist das Führen eines Skizzenbuchs: Schreiben Sie die Fragen auf, die Sie ansprechen, und formulieren Sie Ihre Antworten schriftlich.

Der Pharao RAMSES der Zweite soll als Gesetzgeber Ägyptens ausgesprochen haben: „So steht es geschrieben – so soll es geschehen!"

Genau mit dieser Einstellung sollten Sie auch Ihr Traumhaus gestalten. Das Schreiben ist eine wichtige Stufe, dass Gedanken Gestalt annehmen. Wenn Ihre Ideen nicht einmal den Weg zum Papier finden – wie sollen Sie dann Wirklichkeit werden?

Können Sie sich einen Architekten ohne Skizzenbuch, ohne Entwürfe, ohne genauere Konstruktionszeichnungen vorstellen? Also, greifen Sie zu Papier und Bleistift und führen Sie Ihre Selbstgespräche auch schriftlich. *Halten Sie fest, was Gestalt annehmen soll!*

## Das „innere Reden"

Das Selbstgespräch ist auch ein bewusstes Mittel, dieses – wie ich es eben genannt habe – „innere Gequassel" in sinnvolle Bahnen zu lenken.

Ob wir uns dessen bewusst sind oder nicht, in jedem von uns ist eine Instanz, die zu allem etwas zu sagen hat. Dieses innere Reden beeindruckt das Unterbewusstsein ähnlich stark wie das innere Bild. Deshalb ist es sehr wichtig, dass wir das innere Reden in Einklang bringen mit unseren inneren Bildern und vor allem natürlich mit unserer Imagination, unserer Vorstellungskraft. Denn wenn Wort und Bild gegeneinander stehen, heben sie sich gegenseitig auf – und wir wundern uns, dass unsere Wünsche sich nicht verwirklichen.

Zunächst müssen wir uns zur Gewohnheit machen, in dieses innere Reden einzugreifen und es entsprechend zu lenken. Ergreifen wir also das „innere Wort" und führen unsere Selbstgespräche auf der Basis des erfüllten Wunsches. So wird das innere Wort mit der Vorstellung des erwünschten Endzustandes in Einklang gebracht und die beiden Kräfte verstärken sich gegenseitig, anstatt sich zu behindern oder aufzuheben.

## Ihr Job als Lebensarchitekt: Konzipieren Sie Ihr Leben neu

Reden wir nicht lange herum, sondern steigen wir ein. Haben Sie alles beisammen? Zeit, Papier und Bleistift, vielleicht ein Skizzen- oder Tagebuch?

### Klären Sie Ihren IST-Zustand und erstellen Sie eine Lebensbilanz (vielleicht Ihre erste)

- Was führt jetzt zu mehr Lebensqualität? Was müsste geschehen, damit ich wirklich „märchenhaft" lebe?
- Was stört mich an meinem Leben?

Vergangenheit:

_____

Gegenwart:

_____

Zukunft:

---

* Bin/habe/tue ich, was ich wirklich will?
Wo nicht, warum nicht?

---

* Was kann ich aus meiner Vergangenheit lernen?

---

* Welche Wünsche habe ich an meine Zukunft?

---

* Welche Konsequenzen ergeben sich daraus in der Gegenwart?

---

* Was will ich in meinem Leben noch erreichen? Warum?

---

* Welche Wünsche habe ich noch an mein Leben? Wie kann ich sie erfüllen?

---

* Welches ist mein klar umrissenes Ziel?

---

Hindernisse:

---

Konsequenzen:

---

- Wo kommt in meinem Leben noch die Freude zu kurz?

- Wie kann ich meine Gesundheit optimieren?

- Wie werde ich noch erfolgreicher?

- Was braucht meine Partnerschaft: Habe ich den idealen Partner? Bin ich der ideale Partner?

Hindernisse:

Konsequenzen:

- Was muss ich in meinem Leben loslassen:

- Was ist zu ändern?

- Was sollte ich lernen?

- Was sollte ich mir angewöhnen?

- Welche Fähigkeiten sollte ich entwickeln?

- Welche Absichten habe ich?

- Welche Aussichten habe ich?

- Das habe ich bisher dafür getan:

- Das bin ich bereit ab jetzt zu tun:

- Das hat Priorität:

- Wer oder was spielt in meinem Leben die Hauptrolle?
  Erfolg? Anerkennung? Geld? Besitz? Macht? Liebe?
  Oder ich selbst?

- Was macht mein Leben lebenswert?
Vergangenheit:

Gegenwart:

Zukunft:

- Was würde mein Leben noch schöner machen?
  Den Umgang mit der Zeit/mit Geld lernen.
  Den richtigen Zeitpunkt für alles finden.
  Meine Lebenszeit optimal ausfüllen.

Dafür sorgen, dass ich immer genug Geld und Zeit habe. Wissen, wofür es sich lohnt, seine Zeit/Geld/Leben einzusetzen.
Lernen, die richtigen Fragen zu stellen. Die richtigen Antworten finden sich dann von selbst.

* Warum lebe ich unter diesen Umständen?

_____

* Was mache ich heute besser als gestern?

_____

* Was kann ich morgen besser machen als heute?

_____

* Welches ist mein Wunschtraum?

_____

* Wann will ich ihn verwirklichen?

_____

* Bin ich bereit, JETZT damit zu beginnen?

_____

* Wie kann ich meine spirituelle Entwicklung bewusst fördern?
Mein vorheriges Leben kennen lernen.
Mein nächstes Leben bewusst vorbereiten.
Mich vom Rad der Wiedergeburt bewusst entbinden.
Die „Selbst-Vergessenheit" beenden.
Die Alltagspersönlichkeit ablegen.
Mich ständig an mich selbst erinnern. Wahrnehmend leben. In mich lauschen – wahrnehmen – SEIN.

- Führt mein derzeitiger Weg zur Erfüllung? Was ist Erfüllung für mich?

- Wen will ich glücklich machen, mein „Ich" oder „mich selbst"? Was bedeutet für mich „Selbst-Verwirklichung"? Welchen Sinn gebe ich diesem Leben?

- Wie lange will ich leben?

## Welches ist Ihre wahre Berufung?

Wenn Sie als Lebensarchitekt Ihr Traumhaus bauen, dann sind Sie umso besser, je mehr für Sie Architektur eine wirkliche Berufung ist, eine Lebenskunst. Es ist ein großer Unterschied, ob ein Mensch einen Job macht, um Geld zu verdienen, oder in seiner Arbeit auch seine Berufung gefunden hat. Die folgenden Aspekte können Ihnen helfen, Zugang zu Ihrer Berufung zu finden. Ihre Berufung zu leben und zu erfüllen ist ein wesentlicher Teil Ihres Traumhauses.[1]

- Ich bin in dieses Leben mit einer bestimmten AB-SICHT, einer bestimmten Lebensaufgabe gekommen! Ich habe alles, was ich brauche, um diese Lebensaufgabe erfüllen zu können.

1. Im gleichen Verlag ist mein Buch *Vom Beruf zur Berufung* erschienen, das ich Ihnen zur Vertiefung der Thematik sehr ans Herz legen möchte.

- Erfüllung kann ich nur finden, wenn ich meine Berufung erkenne, annehme und erfülle!
- Der Beruf sollte etwas sein, WOFÜR man lebt und nicht, wovon man lebt!
- Keiner kann in seinem Beruf erfolgreich sein, wenn er seine Arbeit nicht liebt, wenn Beruf und Berufung nicht identisch sind, der Selbstverwirklichung dienen und der Allgemeinheit nützen.

Der erste Schritt auf dem „geistigen Weg" heißt: Erst einmal in Besitz nehmen und sinnvoll einsetzen, was Sie schon erreicht haben.

## Stellen Sie sich folgende Fragen

1. Was kann ich besonders gut?
- Welche Fähigkeiten, Talente und Kräfte habe ich? Denn wo meine Gaben liegen, da liegen meine Aufgaben!

---

2. Was macht mir besondere Freude?
- Welches sind meine Hobbys? Meine Wünsche? Was möchte ich den ganzen Tag tun? Was „begeistert" mich so richtig?

---

- Was würde ich tun, wenn ich ab sofort 5000 Euro Rente jeden Monat bekäme?

---

3. Welche Ausbildung habe ich?
- Welche Ausbildung sollte ich noch haben?

---

- In welche Krisen, Schwierigkeiten hat mich das Leben geführt? Welche Lektionen habe ich dabei gelernt?

---

- Von welchen begrenzenden Vorstellungen sollte ich mich lösen?

---

4. Welche Chancen bietet mir das Leben, das zu tun?
- Bisher?

---

- In diesem Augenblick?

---

- In Zukunft?

---

5. Auf welchen Platz hat mich das Leben gestellt?
- Wie kann ich diesen Platz noch besser ausfüllen?

---

- Was sollte ich lernen/verlernen?

---

6. Wenn ich mein Leben noch einmal beginnen könnte, was würde ich dann anders machen?

---

7. Was wäre mein Wunschtraum?
- Wie sieht mein „erwünschter Endzustand" aus?

_____

- Wie sieht meine „Wunschbiografie" aus?

_____

- Wie sieht mein Leben als Meisterwerk – als Kunstwerk aus?

_____

8. Welche Konsequenzen ergeben sich daraus?
- Was würde ich unter diesen Umständen meinem besten Freund raten?

_____

9. Was hindert mich eigentlich noch, genau das zu tun?
- WANN bin ich bereit, das „Notwendige" zu tun?

Machen Sie sich zum „REGISSEUR IHRES LEBENS" und spielen Sie in Ihrem Leben die Hauptrolle!

## Ihr Leben bilanzieren

Die folgende Tabelle gibt Ihnen eine grobe Möglichkeit, Ihr Leben zu bilanzieren.

_In die erste Spalte_ tragen Sie ein, wie tief Sie sich auf diesen Bereich bisher bereits eingelassen haben. Wie sehr haben Sie ihn belebt, wie weit haben Sie ihn schon verwirklicht? Wie wichtig haben Sie diesen Bereich bisher genommen? (0 bis 10 Punkte)

In die zweite Spalte tragen Sie ein, wie viel Zufriedenheit und Erfüllung Ihnen dieser Bereich bisher gebracht hat. (0 bis 10 Punkte)

In die dritte Spalte kommt die Eintragung, wie viele offene Wünsche und Sehnsüchte Sie mit diesem Bereich noch verbinden. (0 bis 10 Punkte)

|  | 1 | 2 |  |
|---|---|---|---|
| Berufliche Situation |  |  |  |
| Beziehung, Partnerschaft, Sexualität |  |  |  |
| Kreativer Selbstausdruck, Berufung, was mir wirklich Freude macht |  |  |  |
| Geld, Finanzen |  |  |  |
| Körper, Gesundheit |  |  |  |
| Wohnsituation |  |  |  |
| Familiäre Situation |  |  |  |
| Hobby, Freunde, Natur, Wissen, Zeiteinteilung, Lebensqualität |  |  |  |

## Konsequenzen aus der Lebensbilanz

Sie erkennen Ihre Hauptaufgabe, indem Sie mithilfe der dritten Spalte herausfinden, wo die meiste Sehnsucht liegt. Sie zeigt Ihnen, WAS JETZT zu tun ist. Da liegt das Hauptpotenzial für Ihr persönliches Wachstum.

## Fragen Sie sich

- Was fehlt in diesem Bereich? Welche Wünsche, Erwartungen sind noch offen? (Das beeinflusst oft alle anderen Bereiche.)

- Wie sieht dieser Bereich aus, wenn alles erreicht ist? (Ideal wäre es, wenn … Lassen Sie Ihrer Fantasie freien Lauf.)

- Warum habe ich es bisher nicht erreicht? (Sehen Sie die Vision bereits als erfüllt an.)

- Offene Wünsche oder unerfüllte Sehnsucht in einem Bereich zeigen, dass dort ANGST vorhanden sein muss, sonst hätte sich die Sehnsucht längst einen Weg gebahnt, wäre der Wunsch erfüllt. Welche Angst ist da? Und warum? Oder wovor?

Ihre Aufgabe ist, die Angst zu erkennen, sich ihr zu stellen und sie aufzulösen (zu erlösen). Ihr wahres Wesen will oft woandershin. Indem Sie sich das bewusst machen, werden Sie es erkennen. Indem Sie es beachten, beginnt es sich schon zu verändern. Beachten Sie dabei Änderungen seit Ihrer letzten Lebensbilanz.

# KAPITEL 2

# IMAGINATION: SETZEN SIE IHR KREATIVES POTENZIAL IN BEWEGUNG

Was würden Sie an einem Architekten am meisten bewundern? Seine handwerklichen Fähigkeiten? Oder seine Kreativität? Es ist doch ein richtiges Wunder, wenn man bedenkt, dass es so viele Variationsmöglichkeiten gibt, Häuser zu bauen, wie es Menschen gibt!

Ich bewundere an Architekten vor allem ihre Kreativität: Immer wieder etwas Einzigartiges zu schaffen, richtige Kunstwerke. Und wenn der Architekt dabei nicht nur seiner eigenen Fantasie Ausdruck verleiht, sondern auch das Traumhaus für den Bauherrn gestaltet, dann ist das schon eine richtige Schöpfung!

## Was ist schöpferische Imagination?

Nicht nur Künstler, wir alle sind Schöpfer, ob wir uns dessen bewusst sind oder nicht. Bewusst oder unbewusst erschaffen wir alle Lebensumstände, Ereignisse, Begegnungen, Beziehungen oder Dinge. Das können wir nur, weil uns überall eine Substanz zur Verfügung steht, die wir Energie nennen.

*Diese Energie ist bereit, in jeder gewünschten Form „in Erscheinung zu treten".* Nach Einstein kann Materie in Energie und Energie in Materie umgewandelt werden, da Materie nur eine besondere Erscheinungsform von Energie ist. Schöpferische Imagination ist der Weg, Gedankenenergie in Materie, in Lebensumstände umzuwandeln, denn Gedanken und Bilder sind „Wirklichkeit schaffende Energie".

Die Fülle, die grenzenlose Möglichkeit des Lebens wartet darauf, für Sie in Erscheinung treten zu dürfen, und schöpferische Manifestation ist der Weg, den erwünschten Endzustand in Erscheinung zu „rufen".

Dabei ist es ganz gleich, ob es sich um Gesundheit, beruflichen Erfolg, Partnerschaft oder spirituelle Entwicklung handelt, alles gehorcht dem Gesetz von Ursache und Wirkung. Schöpferische Imagination verwandelt die schöpferische Urkraft in Tätigkeit und bringt hervor, was immer Sie wollen. Denn alles, was Sie sich jemals wünschen können, ist bereits als Quanten-Feld der Möglichkeit erschaffen. Sie brauchen es nur in Erscheinung zu rufen, zu materialisieren.

Auch der Architekt hat zuerst eine Idee, ein inneres Bild, macht eine Skizze, entwickelt sie zu einem Entwurf und erstellt am Ende einen Konstruktionsplan. Dann kann er loslassen und die eigentliche Arbeit anderen überlassen.

So werden wir auch bei der Erschaffung Ihres Traumhauses vorgehen! Damit wir uns nicht falsch verstehen: Das Traumhaus steht hier als Metapher für ein traumhaftes, märchenhaftes Leben. Aber wenn Sie dabei auch (so ganz nebenbei, als erwünschte Nebenwirkung) ein wirkliches Traumhaus erschaffen: Nur zu, es gibt nur die Grenzen in Ihrer Vorstellung, die Sie sich selbst auferlegen.

Alle Dinge geschehen zuerst im Bewusstsein, ehe sie real geschehen können. Schöpferische Imagination ist die Transformation einer Vorstellung in die Wirklichkeit und lässt so Zukunft zur Gegenwart werden und Möglichkeit zur Gewissheit. Dabei handelt es sich keineswegs um etwas Neues, Fremdartiges oder Ungewöhnliches, ja, Sie wenden es bereits täglich unbemerkt an. Es ist unsere natürliche Fähigkeit. Es kommt darauf an, zu lernen, sie bewusst einzusetzen, um unser Leben und Schicksal frei zu bestimmen: *Schaffen Sie sich eine erfüllende Zukunft, denn Sie werden den Rest Ihres Lebens darin verbringen.*

Schöpferische Imagination ist permanente Schöpfung. Das heißt, alle Gegebenheiten, Tatsachen, Umstände und Situationen in einem ständigen Schöpfungsprozess umzuformen in den erwünschten Endzustand und dankbar als neue Gegenwart anzunehmen. Schöpferische Imagination ist keine Technik, sondern eine Lebensphilosophie. Schöpferische Imagination ist nicht neu, sie ist so alt wie die Schöpfung selbst. Schöpferische Imagination lässt uns teilhaben an der Schöpfung, ist unser geistiges Werkzeug, um als Schöpfer zu leben.

Schauen wir einmal, wie die Schöpfung begann! Am Anfang war das Nichts, die vollkommene Leere. Das Nichts trat als Schöpfer in Erscheinung und begann ein großes Werk zu kreieren. Das Ergebnis nennen wir Universum. Es wird noch immer in jedem Augenblick „geschöpft", weiter erschaffen.

Wir alle sind eingeladen, an dieser ständigen Neuschöpfung teilzunehmen und die Welt als Mitschöpfer mit zu gestalten.

Der Weg ist einfach, stellt aber hohe Anforderungen an den, der ihn geht. Denn nur ein Schöpfer kann schöpfen. Es ist eben ein Unterschied, ob wir unser Leben dahinleben wie ein Rädchen im Getriebe, das nur existiert und von anderen getrieben wird, oder ob wir unser Leben zu einem Lebenswerk, einem Kunstwerk gestalten. Wichtig ist, dass wir unsere Macht als Schöpfer erkennen. Ein Architekt hat sich als Architekt erkannt, er lebt sein Leben als seine Berufung.

Wir müssen also zuvor unser WAHRES SELBST identifizieren und unsere Vollmacht als Schöpfer des eigenen Lebens erkennen. Der verlorene Sohn, von dem im Neuen Testament erzählt wird, muss zuvor nach Hause zurückkehren. Dann ist alles ganz einfach. Es ist unser natürlicher Weg, als Schöpfer zu leben.

Das klingt jetzt vielleicht sehr mystisch, doch schöpferische Imagination ist in einem viel höheren Maße an unserem Leben im Alltag beteiligt, als die meisten glauben.

Da ist die Frau, die sagt: „Ich brauche nur an einer Konditorei vorbeigehen und schon habe ich ein Kilo zugenommen!" Das ist gar nicht mal so falsch, denn dann hat sie die Torte energetisch im Bewusstsein, und wenn sie noch ein paar Mal daran denkt, dann hat sie geistig bereits zugenommen.

Das Gleiche gilt, wenn man bei Diäten ständig vom Essen träumt. Damit hat man unbewusst erfolgreich eine schöpferische Manifestation verursacht, aber leider in die falsche Richtung.

Erleben wir die Alltagswirkung der schöpferischen Imagination gleich einmal konkret:

Stellen Sie sich vor, dass Sie gähnen müssen. Wieder haben Sie den gleichen Effekt – Sie müssen tatsächlich gähnen. Die reine Vorstellung des Gähnens setzt sich um in Wirklichkeit.

Oder stellen Sie sich vor, Sie lächeln – und alle Zellen Ihres Körpers lächeln ebenfalls. Spüren Sie einmal, wie gut dieses „innere Lächeln" tut.

Oder stellen Sie sich vor, Sie sind wieder Kind und tanzen oder rennen auf einer Wiese. Sie SPÜREN förmlich die Leichtigkeit und Freude.

Das heißt, nicht die Umstände wirken auf uns, sondern unser *Umgang* damit, unsere Einstellung, unsere Vorstellung, unsere Perspektive. Unser Leben kann sich von heute auf morgen dramatisch verändern, ohne dass sich irgendetwas in unseren Lebensumständen verändert hätte. Wir brauchen nur einen deutlichen Perspektivenwechsel vorzunehmen, alles aus einer ganz anderen Sicht zu sehen – und schon hat sich unser Leben deutlich verändert. (Wir werden in Kapitel 5 noch einmal darauf zurückkommen.)

## Beachten Sie folgende Aspekte

- Welches ist derzeit Ihr größtes Problem, Ihr größtes Hindernis, Ihr größter Wunsch, der Problemkreis mit der stärksten Energie? Was kommt Ihnen da in den Sinn?

- Werden Sie sich bewusst: *Welche Gedanken, Bilder und Gefühle sind damit unbewusst verbunden?* Wie sieht Ihre Einstellung, Ihre Perspektive zu diesem Problem aus?

- Verursachen diese Gedanken, Bilder, Gefühle, Einstellungen, Perspektive das, was Sie *erreichen* wollen, oder das, was Sie *befürchten*?

- Wenn Sie an diesem selbst gewählten Beispiel erkennen können, wie Sie an Ihrem „größten Problem" durch Ihre Einstellung beteiligt sind, dann fragen Sie sich, ob eine Veränderung Ihrer Einstellung Ihr „größtes Problem" auch verändern würde. (Viele erkennen an diesem Punkt: Es existiert gar nicht mehr! Das Problem war nur eine Einbildung.)

- Vergessen wir auch die Frage nicht: *Wie könnte sich Ihr Leben verändern, wenn Sie Ihre Einstellung ändern würden?* Tun Sie einmal so, als ob Sie es könnten!

Also: Ändern Sie einmal Ihre Einstellung: Ihre bewussten und unbewussten Gedanken, Gefühle und Bilder. Statt Ärger über Ihr Übergewicht (als Beispiel) empfinden Sie die Freude über die Möglichkeit, jederzeit wieder schlank werden zu können. Alles das können Sie in Gedanken, Wort, Gefühl und Bild UMERLEBEN und Sie gestalten sich dadurch ein NEUES LEBEN.

## Sie können Ihre Lebensumstände frei bestimmen!

Schöpferische Imagination ist der Weg, die eigene Vorstellungskraft zu nutzen, um die Lebensumstände frei zu bestimmen und zu manifestieren, was immer Sie haben wollen. Wir alle nutzen diese Kraft bereits, die meisten unbewusst. Dort aber sind meist Schwierigkeiten, Mangel, Probleme, Disharmonie – und so sieht dann auch das Leben aus, das unbewusst geschaffen wird. Dabei können wir vom Leben alles haben, wir brauchen nur von unserer natürlichen Fähigkeit des Manifestierens Gebrauch zu machen, die schöpferische Imagination sinnvoll und vor allem bewusst einzusetzen. Schöpferische Imagination ist das Tor zur Wirklichkeit.

Jeder von uns hat einen wichtigen Beitrag in diesem Leben zu leisten und jeder auf seine ganz besondere, einmalige Art. Mit dem bewussten Gebrauch der schöpferischen Imagination entdecken Sie Ihre wahre Bestimmung.

*Leid gehört nicht zu diesem Weg – und wo immer Sie leiden, zeigt das nur, dass Sie noch etwas falsch machen.* In unserem westlichen Denken wird das Leid oft verherrlicht oder doch zumindest als unabwendbar angesehen, dabei ist Leiden an sich absolut unnütz. Es wird nur notwendig, wenn wir uns weigern, auf dem königlichen Weg der Erkenntnis zu lernen. Dann wird das Leid unser Lehrer, der uns zwingt, unsere Aufgaben zu machen.

Freude und Erfüllung sind ebenso zuverlässige, aber weitaus angenehmere Lehrer.

## Der Weg der schöpferischen Imagination ist der Weg der Freude.

Schöpferisch imaginieren heißt auf den Punkt gebracht: sich etwas vorzustellen, wie es sich in der Außenwelt als Ereignis, als Situation oder Begegnung manifestiert. Es gibt wohl keinen schöneren und zuverlässigeren Weg, die Aufgaben zu lösen, die vor uns liegen.

Imagination ohne Handeln bleibt fruchtlos, Handeln ohne Imagination ziellos. Erst in der Kombination von beiden werden wir zum Schöpfer unserer Lebensumstände.

## Innere Bilder

Wir sollten nicht nur unser „inneres Reden" optimieren, sondern auch unsere „inneren Bilder", vor allem das Selbstbild.

Der „heimliche Lehrplan" dieses Büchleins besteht darin, dass Sie in der Gestaltung Ihres Traumhauses Ihr Selbstbild zum Leuchten bringen. Das ist das ganze Geheimnis – und damit auch kein Geheimnis mehr. Wenn die Grandiosität Ihres Traumhauses geschaffen („geschöpft") ist, dann haben Sie sich auch ein ganz neues Selbstbild geschaffen, denn das eine ist nur der Ausdruck des anderen. Aber den meisten fällt es leichter, sich ein Traumhaus vorzustellen, als sich selbst als eine grandiose Persönlichkeit.

Unser Selbstbild ist meist von anderen geprägt, entspricht uns überhaupt nicht, bestimmt das Leben aber entscheidend. Oder hat Ihnen jemand das Selbstbild vermittelt, Schöpfer Ihres Lebens zu sein – und Sie auch so behandelt?

Hinter jedem unserer Gedanken steht ein Bild. Wenn wir verstehen wollen, warum wir tun, was wir tun, dann müssen wir das „Geheimnis der inneren Bilder" kennen – und wir erkennen das Leben als Abbild der inneren Bilder. Nur 5 Prozent unserer Lebensumstände erschaffen wir bewusst durch unser Denken. Die restlichen 95 Prozent entstehen durch unsere inneren Bilder. Denn immer wenn unser Unterbewusstsein für eine Handlung keine gedankliche Direktive hat, handelt es nach diesen inneren Bildern, also entsprechend unserem bisherigen Verhalten beziehungsweise unserer Gewohnheit. Nach dem Gesetz „Wie innen, so außen" gestalten die inneren Bilder so die äußere Wirklichkeit, das nämlich, was wir Realität nennen. Im Außen spiegelt das Leben wider, was wir als Bild von uns gespeichert haben.

## Das Geheimnis der Selbst-Bildung

Wenn jemand eine ausgeprägte Persönlichkeit ist, dann sprechen wir von einer guten Bildung. Sicher hatte er schon eine gute Vor-Bildung und danach eine gute Aus-Bildung. Diese Bildung hat nicht nur seine Persönlichkeit gebildet, sondern befähigt ihn auch, die Umstände zu bilden, zu gestalten, zu bestimmen.

Das individuelle Schicksal entsteht also im Wesentlichen durch das innere Bild, dessen Schöpfer Sie sind, und zwar unabhängig davon, ob es sich um ein positives oder um ein negatives Bild handelt. Die Lebensumstände machen Ihre inneren Bilder als äußere Ereignisse sichtbar und entsprechen damit Ihrem Sosein. Nach dem Gesetz der Resonanz, auf das ich noch ausführlich zu sprechen komme, ereilt jeden Menschen das Schicksal, das seiner *inneren Bildung* entspricht.

Das betrifft Ihr eigenes Schicksal ebenso wie Ihren Anteil am Gemeinschaftsschicksal. Auf diese Weise bestimmen Sie nicht nur Ihr eigenes Schicksal mit Ihrer Bildung, sondern Sie bestimmen auch das Gemeinschaftsschicksal mit, das Ihrer Familie, Ihres Vereins, Ihrer Gemeinde – wie weit Sie gehen möchten. Welches Bild Sie also von sich haben – Ihr Selbstbild –, gestaltet Ihr Leben.

Das Geheimnis der Selbst-Bildung ist nicht Ihre Schul- und Berufsausbildung, sondern wie Sie in der Lage sind, Ihr Inneres wie Äußeres selbst zu „bilden" – durch die schöpferische Gestaltung Ihres Selbst-Bildes.

## Das „Bild des erwünschten Endzustandes"

*Zielklarheit* ist ein Schlüssel bei der bewussten Gestaltung des Lebens. So wichtig es ist, seine Ziele auf Papier zu bringen: Der „Schöpfungsprozess" darf hier nicht enden. Das Leben realisiert keine „Listen", sondern BILDER. Deshalb formuliere ich „Zielklarheit" gerne als „Bild des erwünschten Endzustandes".

Es ist für den Schöpfungsprozess, das Form-Annehmen von Energie ein großer Unterschied, ob auf einer Liste steht „Traumhaus" oder ob Sie sich dieses Traumhaus bildlich in allen Farben vorstellen können, mehr noch: mit ALLEN SINNEN wahrnehmen können.

Angenommen, Sie sind in der Lage, ständig mit der Imagination zu arbeiten, und angenommen, Sie können das Gefühl der Freude und Dankbarkeit, dass sich „der erwünschte Endzustand" bereits erfüllt hat, aufrechterhalten, dann wird Ihre Annahme sich zur Tatsache „verformen" beziehungsweise ausbilden!

Dieses Schöpfungsprinzip lässt sich lernen und zu einer inneren Gewissheit machen. (Leichter noch: Sie müssen sich an dieses Prinzip eigentlich nur ERINNERN, denn Sie tragen es in sich, sonst würden Sie gar nicht existieren.)

Durch Erfahrung können Sie so zur Überzeugung gelangen, dass es zu einer inneren Gewissheit und damit zu einem festen Glauben wird:

dass eine Annahme sich zur Tatsache erhärten wird, wenn Sie auf ihr beharren;

dass ständig aufrechterhaltene Imagination auf alle Dinge anwendbar ist und

dass alle Ihre vernünftigen Pläne und Handlungen einen möglichen Mangel an ständig aufrechterhaltener Imagination des „erwünschten Endzustandes" nicht kompensieren können.

Erschaffene Lebensumstände hängen von der Intensität der Imagination ab, nicht von äußeren Tatsachen. Tatsachen sind die Früchte, die Zeugnis ablegen für bewussten Gebrauch oder unbewussten Missbrauch der Imagination. *Der Mensch wird das, was er sich vorstellt. Er hat eine von ihm selbst bestimmte Geschichte.* Er schreibt seine Biografie selbst! Wenn Ihnen das bewusst ist, dann sollten Sie jetzt der Autor Ihrer Wunschbiografie werden.

## Der schöpferische Mensch

Ein Architekt zum Beispiel leugnet nicht die Realität der wahrnehmbaren äußeren Welt des Werdens und Vergehens, aber er weiß, dass die innere Welt, die fortwährend mit Imagination arbeitet, die Kraft ist, durch welche die äußere Sinnenwelt des Werdens und Vergehens zustande kommt: *Nur durch ein klares Bild des erwünschten Endzustandes können wir Veränderung in unserem Leben bewirken.*

Die wesentlichste Täuschung, welcher der Mensch unterliegt, ist seine Überzeugung, dass es andere Ursachen für seine Lebensqualität gibt als seinen eigenen Bewusstseinszustand und was er damit erschafft: inneres Reden, innere Bilder, ein inneres Glaubenssystem, innere Gefühle der Dankbarkeit und der Freude.

## Das Schöpfungsprinzip, die kreative Kraft

Ihr „Architekten-Bewusstsein" lässt sich so auf folgende Formel bringen:

SELBST-Bewusst-SEIN = Gedanken (Wünsche und Träume) + Bilder (e wünschter Endzustand) + Glaube (innere Gewissheit) + Gefühl (Freude und Dankbarkeit) = neu erschaffene Realität

Das Ende verläuft getreu den Ursprüngen. Das schöpferische innere Reden ist dasjenige, mit dem Sie Ihr Ideal verwirklichen wollten. Mit anderen Worten, es ist *die Sprache des erfüllten Wunsches: Ich bin mein Traumhaus.*
    Weitere Sätze, welche die Erfüllung Ihres Ziels ausdrücken:

- Ich habe ein gutes, regelmäßiges, festes Einkommen, das auf Redlichkeit und gegenseitigem Nutzen beruht.
- Ich bin glücklich verheiratet.
- Ich werde gebraucht und bin ein gesuchter Mensch.
- Ich trage mit meinem Wirken zum Wohl der Menschheit bei.

Wiederholen Sie – wie das Bild des erwünschten Endzustandes – solch einen Satz immer wieder, bis Sie die Wirkung im Inneren verspüren und die Auswirkung im Äußeren erkennen.

## Ihr Traumhaus imaginieren

Stellen Sie sich Ihr Traumhaus in seinem „erwünschten Endzustand" vor. Wir werden diese Übung vertiefen und Ihre Einbildungskraft verstärken. Jetzt geht es einfach darum, Ihre Imagination zu aktivieren:

Stellen Sie sich vor, Sie stehen vor Ihrem Traumhaus und schauen es an. Machen Sie sich bewusst, wie groß der Garten ist und wie er umzäunt ist. Schauen Sie das Gartentor an und gehen Sie hindurch. Während Sie zur Eingangstür gehen, sehen Sie die Pflanzen und Bäume. Machen Sie sich bewusst, wie groß Ihr Traumhaus ist, wie viele Fenster es hat und wie der Eingangsbereich aussieht. Dann treten Sie ein. Welchen Eindruck macht die Diele? Und wie sind die einzelnen Zimmer eingerichtet? Gehen Sie auch einmal in den Keller und auf den Speicher und schauen Sie nach, was Sie dort vorfinden. Natürlich können Sie in der Imagination auch Änderungen vornehmen. Sie können ganz leicht Wände versetzen und eine andere Einrichtung hinstellen, bis alles wirklich „stimmt", stimmig ist, Ihre Stimmung euphorisch ist.

Ein solches Imaginationstraining macht Freude, jeder kann es. Es trainiert Ihre Fähigkeit der bildhaften Vorstellung, bis Sie ganz leicht farbenfrohe und scharfe Bilder eines erwünschten Endzustandes erschaffen können.

# KAPITEL 3

# DIE VISION:
# TRÄUMEN SIE IHR LEBEN

Ihre Lebensvision vor Ihrem inneren Auge erscheinen zu lassen beginnt damit, dass Sie lernen, *bewusst* zu träumen.

In der Nacht träumt jeder und diese Träume sind eine wichtige Voraussetzung für Ihr geistiges Wohlbefinden. Aber mit bewussten Tagträumen erschaffen Sie Ihre Zukunft. Tagträume konzentrieren unser kreatives Potenzial auf ein bestimmtes Ziel, einen „erwünschten Endzustand". *Schöpferisch zu träumen führt zu traumhaften Ergebnissen!*

Wenn Sie es nicht beim Träumen lassen, sondern mithilfe der schöpferischen Imagination Ihren Traum verwirklichen, dann kann Ihr Leben richtig märchenhaft werden. Aber zuerst brauchen Sie Ihren Traum, Ihre persönliche Vision. Sie ist wie ein Zauberstab, der jeden

Wunsch Wirklichkeit werden lassen kann. Schaffen Sie Ihre Zukunft in Ihrem Bewusstsein. Noch einmal, weil es so wichtig ist: *Alles, was Sie sich jemals wünschen können, ist bereits im Quantenfeld der Möglichkeit vorhanden, sonst könnten Sie es gar nicht denken oder erträumen. Sie brauchen diese subtile Form nur aus dem Quantenfeld in der materiellen Welt „in Erscheinung treten zu lassen". Das ist Chefsache des Schöpfers.*

Wir leben gleichzeitig in zwei Welten – in der inneren Welt unserer Gedanken, Gefühle und Vorstellungen und in der äußeren Welt der Menschen, Dinge und Ereignisse. Nun sollte das Innen das Außen bestimmen. Stattdessen reagieren wir innen auf das Außen. Wir reagieren wie Opfer auf die Umstände, anstatt sie nach unseren Wünschen zu erschaffen, zu gestalten und zu verändern. Das heißt nicht, dass wir bekommen, was wir haben wollen, sondern nur das, was wir VERURSACHEN!

Wie wir vom Ergebnis her verursachen (wieder eine andere Formulierung des bereits Gesagten), steht auch in der Bibel: „Bittet, um was Ihr wollt, glaubt nur, dass Ihr es erhalten HABT, und es wird Euch werden." (Markus 11/ 24)

Das ist kein Wunschdenken, keine blühende Fantasie. Das ist ein geistiges Gesetz. Sie müssen es aber auch glauben können. Noch nie ist jemand mit einem Mangelbewusstsein zu Wohlstand gelangt. Überall ist Fülle, das Potenzial unendlicher Möglichkeiten, und doch ist es offensichtlich, dass es den meisten nicht gelingt, daran teilzuhaben. *Die Ursache ist immer Mangel*: der Mangel an Träumen und Visionen, der Mangel an kraftvollen

Gedanken, der Mangel an wirklichkeitsschaffenden Bildern, der Mangel an Glaube, der Mangel an schöpferischen Gefühlen wie Dankbarkeit und Freude.

*Kein noch so starker Wunsch kann sich verwirklichen, wenn Sie im Mangelbewusstsein leben. Denn ein WUNSCH alleine wird so selbst zum Ausdruck von Mangelbewusstsein*: Mir fehlt ... Ich hätte gerne ...

## Bringen Sie Ihre Vision zum Leuchten

Am Anfang einer selbstbewussten Lebensgestaltung steht die Vision. Das ist der entscheidende Schritt, sein Leben von der Zukunft her – mit der Vision eines erfüllten Lebens – zu leben. Am Anfang ersteht das Traumhaus erst als Vision, lebt alles noch aus der Fantasie. Und doch ist dieser Schritt der entscheidende Schritt. Hier entscheidet sich, ob Sie wirklich IHR Traumhaus bauen wollen – oder nur eine Kopie eines anderen.

Wo ist diese Vision zu finden? Finde ich sie in einem Katalog für Fertighäuser? Oder in einem Buch „Die Traumhäuser Amerikas"? Finde ich sie bei einem Besuch am Starnberger See? Finden Sie Ihre Vision in einem Magazin wie „Schöner Wohnen"? Sicher finden Sie dort viele wunderschöne, märchenhafte Häuser, aber finden Sie dort wirklich IHR Traumhaus? Anregungen für Ihre Fantasie finden Sie bestimmt. Es gibt Typen, die Sie besonders ansprechen, die Ihr Herz höher schlagen lassen. Und doch sind diese Hauser allesamt von anderen für andere gebaut worden.

Als Lebensarchitekt kommt für Sie nur EINE Variante infrage: Ihr unverwechselbares, einzigartiges ORIGI-NAL-Haus. Es ist Ihre Referenz, Ihre Visitenkarte. Etwas anderes wollen Sie gar nicht akzeptieren. Ihre Kunden werden sagen: Jawohl, ein Architekt, der sich selbst ein so authentisches Haus errichtet hat, den beauftrage ich auch, mir bei der Planung meines eigenen Hauses zu helfen. Der weiß, worum es wirklich geht.

(Sind Sie noch im Spiel? Macht Ihre Fantasie mit? Können Sie sich als Lebensarchitekt auch schon vorstellen, wer Ihre „Kunden" sind? Denken Sie dabei an Ihre Kinder? Dass Sie ein Vorbild für ihre Lebensweise sind? Dass man sich Ihnen anvertraut, weil man Ihre Authentizität bewundert?)

Die Kunst, Ihre VISION lebendig werden zu lassen, ist ein aktiver wie ein passiver Prozess. Sie erkennen dies schon an meinen Formulierungen: ... lebendig werden lassen, ... zum Leuchten bringen. Die häufig verwendeten Begriffe „aktiv" und „passiv" sind gar nicht so treffend. Der chinesische Daoismus verwendet die Begriffe YIN und YANG, die viel einsichtiger sind, denn beides sind untrennbare Bestandteile der Schöpfung. YANG ist das aktive, männliche Prinzip – und YIN ist das weibliche Prinzip, aber keinesfalls passiv. Schöpfung geschieht nur durch TUN und GESCHEHEN LASSEN. Wer nur im TUN ist, der ist im Aktionismus, im Machen, ist ein Macher, aber kein Schöpfer.

Auch der Architekt trennt sich irgendwann von seinen Konstruktionsplänen und „überlässt" das Bauen des Hauses anderen. Wenn er ein Leben lang nur an den

Konstruktionsplänen tüfteln würde, dann wäre nie ein Stein auf den anderen gesetzt worden.

Unsere Vision ist wie ein inneres Licht, das darauf wartet, dass wir es entzünden. Wir brauchen diese Kerze nicht erst zu erschaffen. Sie ist da und wartet darauf, zum Leuchten gebracht zu werden. Den Kern unserer Vision „empfangen" wir aus unserer Seele (YIN-Prinzip), um es dann zu einem farbenprächtigen Bild auszumalen (YANG-Prinzip).

## Schaffen Sie sich Raum und Zeit für Ihre Vision

Lassen Sie sich jetzt **viel Zeit und Raum für die eigene Fantasie.** Ein Wochenende allein – ohne Störung durch andere – ist wahrscheinlich der beste Rahmen.

Ihre Fantasie möchte beachtet werden wie ein kleines Kind. Erst wenn Sie Ihre Fantasie hegen und pflegen, kann sie wachsen und gedeihen. Diese Zeit, die Sie sich für Ihre Träume geben, ist Zeit für sich selbst.

Stellen Sie sich doch einmal den Architekten vor, der sein eigenes Haus planen möchte. Macht er das in der Hektik des Alltags? Träumt er von seinem Traumhaus zwischen zwei Terminen? Malt er sich sein zukünftiges Haus auf dem Weg zu einem Kunden aus? Ich denke, wir sind uns einig, dass ein Architekt sich sehr viel Zeit lässt, die Vision seines Traumhauses zu entwerfen.

Vielleicht nimmt er sich dafür sogar Urlaub in einer wunderschönen Gegend, die ihn inspiriert.

Träume und Visionen brauchen einen entspannten Zustand, ein Offen-Sein, eine Empfangsbereitschaft. Es ist der Zustand der Seele. Unsere Fantasie ist am lebendigsten, wenn wir unsere „Seele baumeln lassen". Das ist der notwendige erste Schritt, Verbindung zu unserer Zukunft herzustellen.

Es ist eine große Herausforderung für Männer, die Anima-Seite der Seele den Ton bestimmen zu lassen. Mann muss lernen, auch zu empfangen.

Jetzt prüfen Sie bitte für sich, welche Zeit und welchen Raum Sie brauchen, um Ihrer Fantasie Flügel wachsen zu lassen.

## Was ist für Sie „Lebensglück"?

Eine zweite wesentliche Bedingung ist, dass Sie wissen, was für Sie Glück ist – oder besser noch: wen Sie glücklich machen wollen. Es ist nämlich ein großer Unterschied, ob Sie Ihr Ego oder Ihr Selbst glücklich machen wollen.[2]

Das Ego will ein Traumhaus, für das Sie alle bewundern. Alle sollen es kennen, die Medien darüber berichten, Freunde und Bekannte darüber sprechen. Sie laden gerne Gäste ein, damit Ihre Gäste Sie um Ihr Traumhaus beneiden.

Ihr Selbst will aber ein Traumhaus, in dem Sie sich wohl fühlen, das Ihr Kraftzentrum ist, an das Sie nur denken müssen, um glücklich zu sein. Vielleicht leben Sie

---

2. Das habe ich ausführlich in meinem Büchlein *Wie Sie Ihre Lebensziele erreichen* dargestellt. Ich lege es Ihnen als Ergänzung ans Herz.

hier ganz allein oder zu zweit, haben nur sehr wenige Gäste und nur wenige Menschen kennen es. Das Traumhaus Ihres wahren Selbst ist kein Mittel der Selbstdarstellung nach außen, sondern Ihre Oase der ständigen Selbsterneuerung.

Ihr Traumhaus will Aus-druck Ihres Glücks sein, nicht aber Ein-druck bei anderen machen. Deshalb ist es so wichtig, dass Sie sich als Lebensarchitekt Gedanken über Ihr wirkliches Glück machen. Vision und Glück kommen aus der gleichen Quelle, nämlich Ihrer Seele, und stärken sich gegenseitig.

Bewusst oder unbewusst sind alle Menschen auf der Suche nach dem, was sie Glück nennen. Die Chinesen nennen es „jass", die Hindus „gutes Karma" und wir nennen es ein günstiges Schicksal. Aber niemand weiß, was Glück eigentlich wirklich ist. Denn es gibt nichts im Außen, das uns auf Dauer glücklich machen könnte.

Sie können alles erreichen im Leben, Sie können reich, mächtig, angesehen und beneidet werden; wenn Sie *sich SELBST* versäumen, haben Sie nichts erreicht, war Ihr Leben vergeblich.

Im „Spiel des Lebens" spielen Sie immer neue Rollen, bis Sie Ihr Selbst gefunden haben. Irgendwann müssen Sie das „Ich" loslassen, denn es ist eine Illusion – und in der Wirklichkeit ist kein Platz für eine Illusion. Versuchen Sie nicht länger, Ihr „Ich" zu erlösen, sondern lösen Sie sich vom „Ich", dann sind Sie wirklich erlöst. Was im Leben leidet, ist immer das kleine Ich, das EGO. Es gibt ein schönes Buch mit dem Titel: *Ohne mich ist alles ganz einfach*. Richtig verstanden (nämlich: ohne mein Ego ist alles ganz einfach) ist das der Schlüssel zum Glück. Mit anderen Worten: Das Glück lauert jenseits Ihres kleinen Ego.

Ihre wichtigste Aufgabe besteht darin, dass Sie sich wieder an Ihre grenzenlosen Möglichkeiten „er-innern" – an die „Spielregeln des Lebens", daran, dass Probleme, Krankheit, Mangel und Leid, Sorge, Ärger, Stress nur „emotionale Fehlprogramme" sind, die aus der Illusion des EGO entstehen. Lassen Sie alle Täuschungen los, dann kann das Leben Sie auch nicht mehr „ent-täuschen".

Wir müssen erkennen, dass wir nicht leben gelernt haben. Wir wissen nicht, wie wir unseren Körper bis ins hohe Alter gesund und vital erhalten, wie wir den richtigen Partner finden und mit ihm auch glücklich werden, wie wir wirklich erfolgreich werden und wie wir vom Beruf über die Berufung zur Erfüllung finden. Vor allem haben wir nicht gelernt, wie wir zu uns selbst finden und ein erfülltes Leben führen. Der Weg und das Ziel stimmen bei den meisten Menschen nicht überein und so haben sie keine Chance.

Wenn Sie bereit sind, beginnt in diesem Augenblick ein ganz neues Leben. Alles, was bisher war, ist vorbei und kommt nie mehr wieder. *Willkommen in Ihrer Zukunft – sie hat gerade begonnen*! Das eigentliche Leben aus Ihrem wahren SELBST heraus kann beginnen. Erinnern Sie sich daran, wer Sie wirklich sind, und geben Sie sich eine Chance, wirklich zu leben.

Es geht darum, „Sie selbst" zu sein, mit dieser erwachten Weisheit zurückzukehren in Ihren „All-Tag", um sie dort zu leben und so auch anderen ein Beispiel zu geben. Irgendwann fragen Sie nicht mehr, dann sind Sie einfach und Leben „geschieht" ungehindert durch Sie. Und Sie bestimmen, wann „irgendwann" ist, zum Beispiel JETZT! Denn Leben findet nur JETZT statt und Sie werden diesen Weg nicht noch einmal gehen können.

Zur Vorbereitung Ihrer Traumzeit sollten Sie sich ein paar Gedanken machen, was Sie in Ihrem Leben stört, was Sie jetzt loslassen wollen, was nicht mehr zu Ihnen passt. Dem Neuen muss Platz geschaffen werden.

### Beantworten Sie folgende Fragen

• Was stört mich an meinem bisherigen Leben?

_____

• Was sollte ich loslassen – loslassen, was mich nicht mehr glücklich macht?

_____

• Was möchte ich ändern? Was wäre ein Horror, wenn es so weiterginge wie bisher?

_____

• Welche Wünsche habe ich an meine Zukunft? Was möchte ich in meinem Leben erreicht haben? Wie sähe eine gelungene „Lebensbilanz" aus?

_____

- Wo kommt die Freude noch zu kurz? Was würde mir wirklich Freude bereiten – unabhängig davon, ob ich mir bereits jetzt vorstellen kann, damit auch meinen Lebensunterhalt zu bestreiten?

- Wer oder was spielt in meinem Leben die Hauptrolle? Wer ist der Regisseur meines beruflichen Lebens, meines familiären Lebens, meiner Freizeit? Warum nicht ich selbst? Wann bin ich bereit, das Drehbuch meines Lebens selbst zu schreiben? (JETZT wäre ein guter Zeitpunkt!)

- Welches wäre meine Wunschbiografie? Wie müsste der Inhalt eines Buches sein mit dem Titel: MEIN LEBEN? Könnte es ein „Testament" für andere sein? Was für ein geistiges Erbe möchte ich hinterlassen? Was für Spuren will ich hinterlassen?

- Wen will ich glücklich machen, mein „Ich" oder mein SELBST? Geht es mir mehr um äußeren Erfolg oder innere Erfüllung?

- Führt mein derzeitiger Weg wirklich zur Lebens-Erfüllung? Was würde mir wirklich Freude bereiten? Was müsste geschehen, damit ich am Ende sagen kann: „ICH HABE NICHT NUR EXISTIERT, SONDERN WIRKLICH INTENSIV GELEBT!"?

- Brennt irgendwo noch meine Leidenschaft? Welches sind meine tiefen Sehnsüchte und nicht nur oberflächliche Konsumwünsche? Welches sind meine Herzenswünsche?
  Bei welchen Vorstellungen blüht mein Herz auf?

- Was müsste geschehen, damit ich sagen kann: „Ich bin ein Lebenskünstler. Ich genieße das Leben. Ich lebe genau das Leben, wie es für mich stimmig und optimal ist"?

- Wie würde es aussehen, wenn mein Leben wirklich *märchenhaft* wäre – ohne jede Begrenzung – und wenn ich sagen könnte: „Ich habe gelebt wie im Märchen – trotz aller Schwierigkeiten"?

- Was halte ich von dem Satz: „Ich gestatte dem Leben, mich dafür fürstlich zu bezahlen, dass ich das tue, was mir ohnehin am meisten Spaß macht"?

## Kommen Sie in Ein-Klang mit sich SELBST!

Diese Übung hat Ihnen geholfen, Ihre Seele zum Schwingen und Sprechen zu bringen. *Denn die Vision Ihres Traumhauses ist keine Kopfgeburt, sondern eine Projektion der Seele in Ihre Zukunft.*

Ihre Seele (und NUR Ihre Seele) kennt Ihr Zukunftspotenzial. Sie kennt es nicht nur, sie IST ES. Wer keine Lebensvision hat, der hat den Kontakt zur Seele verloren, dessen inneres Licht erleuchtet nicht den Weg, sondern flackert versteckt in einem vergessenen Raum.

Alle Ihre Sehnsüchte sind Sehnsüchte Ihrer Seele. Und je mehr Sie Ihre Sehnsüchte befreien, desto mehr Begeisterung, Lebensfreude und TIEFE stellt sich in Ihrem Leben ein. Desto mehr sind Sie ICH SELBST und leben nicht mehr nach fremden Mustern aus der Vergangenheit, sondern gestalten Ihre Zukunft im JETZT.

*Ihre VISION ist etwas, das Sie vor Ihren Augen sehen.* Der Ursprung Ihrer Vision ist aber in Ihrem Inneren. Sie sehen das, was aus Ihnen herausstrahlt. Es ist wie eine Projektion: Die Bilder sind im Gerät, erscheinen aber auf der Leinwand im Außen. Erlauben Sie Ihrer Seele, dem LICHT Ihres inneren Projektors, Ihre Visionen im Außen sichtbar werden zu lassen. *Schalten Sie das Licht Ihres Projektors ein!* Lassen Sie Ihr Licht leuchten und schauen Sie sich die Dia-Show Ihres Lebens an, so wie Ihre Seele sie für Sie zusammengestellt hat.

Licht einschalten? Okay, Sie müssen wissen, was der Lichtschalter ist und wo er sich befindet. Ganz einfach: *Schalten Sie Ihr Leben (für eine Aus-Zeit) von TUN auf SEIN um.*

TUN bedeutet, von außen getrieben zu werden, das zu tun, was getan werden MUSS, kopfgesteuert zu leben, keine Zeit für sich selbst zu haben, sich nicht um sich selbst zu kümmern, in Stress und Hektik zu leben, sich wie ein Hamster im Laufrad zu fühlen. TUN ist der Ort der Angst, des Leidens, der Krankheit, der Unzufriedenheit, der Schuld, des Misstrauens, der Einsamkeit, der Desorientierung, der Hilflosigkeit, der Sinnlosigkeit, der Süchte, des Zweifelns, des Mangels, der Engstirnigkeit und Engherzigkeit, des Ernstes, der Wertlosigkeit, des Mangels und Nehmens, des Außer-sich-Seins.

SEIN bedeutet, in die Stille zu kommen und sich selbst wahrzunehmen, sich selbst zu verwöhnen und zu genießen. Nichts zu tun, sondern offen zu sein, wohin das Leben, die Seele uns führt. SEIN ist der Ort der Liebe, des Vertrauens, der Selbstsicherheit, der Freude und Dankbarkeit, des Sinns und der Begeisterung, der Freiheit und des Glücks, der heiteren Gelassenheit, des Mutes, des Verbundenseins mit Gott und der Welt, der Hilfsbereitschaft, der Weite und Offenheit, des Lachens und der Heiterkeit, des inneren Lächelns, des Gebens und der Großzügigkeit, des Bei-sich-Seins.

Diesen *Lichtschalter des SEINS* finden Sie in vielen Räumen, auch und gerade in Ihrem Lieblingsraum:

*Beim Spaziergang in der Natur*: Können Sie dabei umschalten von Ihrer normalen Wahrnehmung zur Wahrnehmung der Schöpfung? Können Sie sich als Teil der Schöpfung wahrnehmen, wie sie JETZT ist?

*Beim Sport und der Bewegung*: Können Sie dabei umschalten von der normalen, alltäglich erfahrenen Bewegung zur Wahrnehmung dessen, was für ein Wunder da gerade in Ihrem Körper geschieht?

*Beim Spielen*: Können Sie umschalten von dem Spiel, das Sie da gerade spielen, zur Wahrnehmung des Lebensspiels, an dem Sie gerade teilnehmen?

*Beim Arbeiten*: Können Sie umschalten vom „Steineklopfen" zur Wahrnehmung, dass Sie gerade dabei sind, eine Kathedrale zu errichten, Mitschöpfer der Evolution sind?

*Beim Musizieren und Musikhören*: Können Sie umschalten von den Tönen, die Sie gerade hören, zur Wahrnehmung, dass das ganze Leben ein Konzert ist, ALLES Musik und Ton ist? Können Sie Ihren eigenen Ton wahrnehmen?

*Beim Tanzen*: Können Sie umschalten von dem Tanz, der Sie gerade beschwingt, zum Tanz des Lebens selbst? Nehmen Sie die Rhythmen Ihres Lebens wahr? Können Sie Streit und Auseinandersetzung mit einem Lebenspartner als Tanz der unterschiedlichen Wesen wahrnehmen? Erkennen Sie die Choreografie Ihres Lebens?

*Auf Reisen*: Können Sie umschalten von der Perspektive des Touristen zur Wahrnehmung dieser Erde mit ihrer Vegetation, ihren Lebewesen, verschiedenen Menschen und Kulturen in ihrer ganzen Vielfalt? Spüren Sie sich als Teil dieser Vielfalt, dieses Reichtums der Schöpfung?

Jeder hat einen Lebensraum, in dem er sich zu Hause fühlt: Gartenarbeit, Hobby, Gespräche mit anderen Menschen, was auch immer. *Wie sieht Ihr bevorzugter Lebensraum aus?*

Finden Sie den Lichtschalter in diesem Raum. Schalten Sie um vom TUN zum SEIN.

Hilfreich dabei ist, diesen Raum aufzuräumen und Ordnung zu schaffen, diesen Raum mit meditativer Musik zu füllen, Dankbarkeit und Freude für diesen Lebensraum zu empfinden, seine tiefe Bedeutung für Ihr

Leben und Ihr Selbstverständnis wahrzunehmen. Vielleicht können Sie den Raum auch in aller Stille stundenlang oder ein ganzes Wochenende genießen. Nur SEIN, ohne etwas zu TUN. Offen zu SEIN, welche Ideen in Ihren Geist strömen, sich erlauben, einfach glücklich zu SEIN, dankbar für Ihr Da-SEIN und So-SEIN. Vielleicht schreiben Sie einen Liebesbrief an sich selbst.

# KAPITEL 4

# RESONANZ: KOMMEN SIE IN DIE SCHWINGUNG IHRER ZUKUNFT

Sie haben eine bestimmte Schwingung und Ihr Ziel hat eine bestimmte Schwingung. Wenn diese beiden Schwingungen nicht übereinstimmen, ist nach dem Gesetz der Resonanz Erfüllung nicht möglich. Machen Sie sich daher resonanzfähig für das, was Sie erreichen wollen.

## Resonanz ist „gleiche Wellenlänge"

Menschen mit „gleicher Wellenlänge" ziehen sich an, man versteht sich, ist im Einklang miteinander, Harmonie und Kongruenz sind gegeben. Das Gleiche gilt für Ihre Zukunft! Wenn Ihre Zukunft eine höhere Lebensqualität hat als Ihr jetziges Leben, dann schwingt Ihre Zukunft höher als Ihr gegenwärtiges Leben.

Nach dem Gesetz der Resonanz stehen Ihre Gegenwart und Zukunft, wenn sie nicht die gleiche Wellenlänge haben, in Disharmonie, Inkongruenz.

Wenn Sie also in die Schwingung Ihrer Zukunft kommen, dann begeben Sie sich in eine höhere Schwingung. Diese höhere (feinere, subtilere) Schwingung ist zwar eine der ZUKUNFT, wenn Sie sich aber in diese Zukunftsschwingung begeben, dann erleben Sie die Schwingung Ihrer Zukunft JETZT. Das ist sozusagen eine ZEITREISE auf der energetischen Schwingungsebene.

So ziehen Sie Ihre Gegenwart JETZT in die Schwingung Ihrer Zukunft. Ist das nicht spannend? Ist das nicht ein Grund, es einmal auszuprobieren?

Hilfreich ist, sich die unterschiedlichen Schwingungen in der Farbskala vorzustellen von infrarot, magenta, rot, bernsteinfarben, orange, grün, blaugrün, türkis, indigo, violett, ultraviolett bis weiß.

Spüren Sie, in welcher Farbe Ihr gegenwärtiges Leben schwingt, zum Beispiel in Orange. Dann gehen Sie einmal in die Schwingung der Farbe Grün, eine höhere Schwingung, betrachten Ihre Zukunft aus dieser Schwingung und transformieren sie auf die Ebene dieser Schwingung.

Wie gesagt, es ist eine Möglichkeit, unterschiedliche Schwingungen *in Farben* wahrzunehmen. Eine andere Möglichkeit ist, diese unterschiedlichen Schwingungen als *Ton* zu hören. Wie klingt (tönt) Ihr Leben JETZT? Wie in der Zukunft? Ist es ein höherer Ton? Vielleicht können Sie auch mit dem Begriff der *Klangfarbe* arbeiten.

Wichtig ist einzig und allein, diese *unterschiedlichen* Schwingungen von Gegenwart und Zukunft in einer für Sie ansprechenden Modalität wahrzunehmen.

Sich resonanzfähig machen heißt, sich lebendig vorstellen zu können, am ZIEL ZU SEIN, das Ziel durch Identifikation JETZT in Besitz zu nehmen. Erst wenn Sie sich vorstellen können, dass das möglich ist, wird es dadurch möglich. Sonst läuft Ihnen die Zukunft immer wieder davon, weil Sie sie abstoßen, und Sie erleben stattdessen immer wieder Ihre Gegenwart, als würden Sie sich nur im Kreis drehen.

## Die gegenwärtige Resonanz erkennen, verändern und im „Ein-Klang" leben

Ich richte meine Aufmerksamkeit auf mich und nehme einmal ganz bewusst meine Resonanz wahr und was ich damit im Außen auslöse – also meine Energie, meine Schwingungsqualität und die Entsprechung in der Realität und welche Umstände ich damit in mein Leben ziehe.

Ich kann aber auch von den Umständen ausgehen und mir bewusst machen, in welcher Schwingung ich sein muss, um genau das zu verursachen.

Wenn mir etwas an meinen Lebensumständen nicht gefällt, dann muss ich die entsprechende Energiequalität „in mir" ändern, damit ich das Erwünschte „hervorrufe". Es sind also meine Einstellung, meine Wünsche, meine Überzeugungen. Es sind Erwartungen, Glaubenssätze, vor allem unsichtbare, die das hervorrufen, was wir Realität nennen. Nicht zu vergessen sind auch meine Widerstände, meine Ablehnungen, meine Ängste, die genau das anziehen, was ich NICHT will, einfach weil ich durch meine Ablehnung und meinen Widerstand meine Aufmerksamkeit darauf gerichtet halte. Worauf ich meine Aufmerksamkeit richte, dorthin fließt mein Schöpfungskraft.

Aus der Summe dieser Faktoren entsteht meine „energetische Ausstrahlung" und die wiederum bewirkt mein Schicksal. Ich bin ein sich veränderndes Energiefeld, das wie eine Informationseinheit wirkt und bewirkt, was immer ihr entspricht. Nach dem Gesetz der Resonanz ziehe ich das an, was ich ausstrahle.

Wenn mir meine Wirkung nicht gefällt, kann ich meine Frequenz ändern und sehen, was meine veränderte Ausstrahlung in der Realität bewirkt, und prüfen, ob mir das gefällt und entspricht. Jeder Mensch mit Charisma weiß sofort, wovon ich spreche. Umgekehrt: Mit dieser Ausstrahlung zu arbeiten ist ein wunderbares Charisma-Training!

Ich kann meine Ausstrahlung so lange ändern, bis mir die Wirkung gefällt. Ich brauche dazu nicht zu warten, bis diese Wirkung im Außen in Erscheinung tritt, sondern kann *verschiedene Möglichkeiten der Zukunft zunächst einmal energetisch „anprobieren"* und in der Vorstellung sehen, welche Zukunft wirklich zu mir passt: Ich schaue also in meiner Vorstellung, was passiert, wenn ich „so" bin, und was, wenn ich „so" bin. Ich rufe die entsprechende Realität erst dann „in Erscheinung" wenn ich mit dem Ergebnis zufrieden bin. Ich kann also vorab in der Vorstellung erleben, was kommen würde, wenn ... Es ist wie bei der Fernbedienung vom Fernsehen. Ich kann „blättern", kann mal kurz reinschauen, was auf dem Programm läuft, was kommt, wenn ich auf einen anderen Knopf drücke, und wenn mir das Programm entspricht, bleibe ich dabei.

Erst wenn ich mir energetisch mein Wunschprogramm zusammengestellt habe, bleibe ich bei dieser Ausstrahlung und erlebe das Ergebnis im Außen.

## Ihr Traumhaus in 3D

Auch hier können wir uns wieder mit der Vorstellung des Lebensarchitekten helfen! „Die Zukunft anprobieren" heißt, in der jetzigen Phase der Planung des Traumhauses mit einem dreidimensionalen Computerprogramm das Haus virtuell entstehen zu lassen. Sie können virtuell anbauen, was Sie wollen, es in jeder Achse drehen, so lange korrigieren, modifizieren, optimieren, bis Sie am Bildschirm sagen können: DAS IST ES! Dann sind Sie präzise im Einklang mit der Schwingung Ihrer Zukunft!

*Kommen wir mit dem Traumhaus also nach den ersten Skizzen, einer ersten inneren Imagination, jetzt zum ausgereiften Entwurf!* Wie lauten die wichtigsten Fragen, die es jetzt für die erste Skizze zu klären gilt? Spüren Sie in jede Frage hinein und lassen Sie (in Resonanz mit Ihrer Seele) ein BILD entstehen:

- In welche *Landschaft* soll das Haus gebaut werden? In welches ökologische System ist Ihr Haus eingebettet? (Stadt, Dorf, See, Berge, Insel, Klima, Kontinent ...)

- Wo sind die nächsten *Nachbarn*, das nächste Dorf, die nächste Stadt? Wie ist die Infrastruktur? Leben Sie in der Einöde oder sind Sie Teil einer Lebensgemeinschaft?
- Wie groß sind *Ihr Grundstück und Ihr Garten*? Was für eine Grenze hat er? Wie umzäunen Sie ihn? (Wie viel Platz nehmen Sie für sich in Anspruch? Das Land ist kostenlos! Sie haben nichts zu bezahlen. Welche Grundstücksgröße passt zu Ihnen? Grenzen Sie Ihr Grundstück überhaupt ab? Wenn ja, warum? Wenn nein, warum nicht?)
- Leben Sie in Ihrem Traumhaus alleine oder bietet es *auch Raum für andere Menschen und Lebewesen*? Leben Sie mit einem Partner, mit Kindern, Ihren Eltern, Freunden, Tieren in einer Lebensgemeinschaft? (Wer, was gehört zu Ihrem Leben?)
- Was ist *das Fundament* Ihres Traumhauses? Ist es ein Luftschloss, auf Sand gebaut? Oder bauen Sie es auf einen Felsen? (Was für ein Haussymbol stellt sich Ihnen dar: ein Schloss, eine Berghütte, eine Burg, ein Baumhaus, ein Bootshaus, ein Wohnmobil ... Was symbolisiert dieses Bild?)
- *Welche Zimmer* gehören zu Ihrem Haus, zum Beispiel Schlafzimmer, Küche, Wohnzimmer, Arbeitszimmer, Kinderzimmer, Fitnessraum, Hobbyraum, Abstellräume, Keller, Gästewohnung ... (Vielleicht hat Ihr Haus auch nur ein einziges Zimmer?)
- Wie sind die Zimmer auf den einzelne *Etagen* verteilt? (Hat es überhaupt mehrere Etagen? Wie viele?)
- Wie stellt sich *das Dach* dar, welche Verbindung hat Ihr Traumhaus zum Himmel?

Jetzt machen Sie aus der ersten imaginierten Skizze einen reifen, farbenprächtigen dreidimensionalen Entwurf. Es gibt hierbei nicht „richtig" oder „falsch", sondern nur ein „authentisch" oder „nicht authentisch".

Beachten Sie bei diesem Entwurf bitte, dass es nicht um eine Zustandsbeschreibung geht, sondern um einen Entwurf Ihrer Zukunft. Welche Bedingungen müssen erfüllt sein, damit Sie sich wohl und zu Hause fühlen?

Das Bild Ihres Traumhauses und seiner Umgebung ist ein SELBST-Bild. Mit welchem Selbst-Bild können Sie sich am besten identifizieren? Entwerfen Sie nicht nur Ihr Traumhaus, sondern auch Ihr Selbst-Bild, das ab jetzt zu Ihnen passt!

## Der Entwurf der Landschaft

Sie haben eine Skizze Ihrer Landschaft erstellt. Wie können Sie das Eingebettetsein ins GANZE deuten? Wie möchten Sie diesen Lebenshorizont erweitern?

In welche Landschaft stellen Sie Ihr Traumhaus? Was ist für Sie DAS GANZE?

- Verstehen Sie Ihr Leben als Teil der Schöpfung, als Teil der Evolution?
- Sind Sie ein Werkzeug der Schöpfung, ein aktiver Faktor der Evolution?
- Sehen Sie sich als Mitglied eines lebenden Kosmos, eines großen Organismus?
- Welches ist Ihre Heimat: der Kosmos, die Erde, Ihr Kontinent, Ihr Land, Ihr Bundesland (Kanton), Ihre

Volksgemeinschaft (wir Bayern, wir Kärntner, wir Berner), Ihre Stadt, Ihr Dorf?

Worin besteht das GANZE, mit dem Sie sich identifizieren können? Was ist jenseits dessen das Un-Heim(at)liche, das FREMDE? Wo fängt das Feindliche und Teuflische an, das Erschreckende? Wo ist die Heimat des Bösen? Wie müssen Sie sich davor schützen? Gibt es für Sie so etwas überhaupt?

Malen Sie den Entwurf der Landschaft, in das Sie Ihr Traumhaus stellen, mit allen Farben aus. Finden Sie hier Schönheit, Wahrheit und Güte. Fühlen Sie sich hier geborgen und sicher.

## Der Entwurf der Umgebung

Selbst wenn Sie allein in Ihr Traumhaus ziehen wollen, Sie haben doch immer Nachbarn, eine Kultur, eine Sie umgebende Struktur.

- Sind Sie ein Einsiedler? Haben Sie in diesem Falle Kontakt zu anderen Einsiedlern? Was bewegt Sie zu diesem Einsiedlertum? Werden Sie es beenden? Wann sind Sie so weit, wieder in die Welt hinauszutreten? Wie lautet Ihre Botschaft, Ihre Mission?
- Mit welchen Strukturen sind Sie mit der „Außenwelt", Ihrer Nachbarschaft verbunden? Sind Sie völlig autark oder stehen Sie in einem Austausch mit Ihren Mitmenschen? Was macht diesen Austausch aus? Verdienen Sie Geld? Womit? Worin besteht Ihr Beitrag für die Gemeinschaft?

- Was leisten Sie für Ihre Nachbarn, was erhalten Sie von Ihren Nachbarn? Sind die Nachbarn Ihnen freundlich gesinnt oder eher neutral? Haben Sie in der Nachbarschaft auch Feinde? Wie äußert sich diese Feindschaft?
- Beteiligen Sie sich an kulturellen Festen? Welche Art Feste sind das? Laden Sie Nachbarn zu sich nach Hause ein? Tanzen Sie gemeinsam? Sprechen Sie miteinander? Wie heißen die Themen? Sind Sie fröhlich und ausgelassen?
- Wie bewegen Sie sich überhaupt fort? Auto? Pferde? Können Sie vielleicht sogar fliegen?

Schaffen Sie sich eine Umgebung Ihres Traumhauses, die für Sie förderlich ist: eine intensive Kommunikation, ein Geben und Nehmen, ein Füreinander-da-Sein. Sehen Sie sich als Teil einer größeren menschlichen Gemeinschaft. Haben Sie dabei eine Rolle, eine Funktion? Malen Sie sich dieses Zusammensein in leuchtenden Farben aus. Welches wäre die Hauptfarbe dieser Gemeinschaft, wenn sie eine Flagge hätte?

## Der Entwurf des Grundstücks und Gartens

*Grundstück und Garten stehen für Ihre unmittelbare Einflusszone.* Das ist der geistige Acker, den Sie bestellen, der Ihre Ernte hervorbringt. Hier haben Sie alles unter Kontrolle.

- Hat Ihr Traumhaus überhaupt einen Garten? Oder hängt es in der Luft, schwimmt auf dem Wasser?

- Können Sie klare Grenzen um Ihr Grundstück ziehen oder fließt es grenzenlos in die Landschaft? Ist das Grundstück umzäunt? Warum und wie? Ist es ein Schutzzaun oder eine Zierde?
- Entspricht die Größe des Grundstücks Ihrer inneren Größe? Können Sie das Grundstück mit einem Blick erfassen? Wie viel Zeit bedarf es, um dieses Land an seinen Grenzen abzuschreiten?
- Was gehört in den Garten? Welche Pflanzen? Ist ein Nutzgarten dabei, Felder, die bewirtschaftet werden? Welche Tiere leben in diesem Garten? Hat er einen Teich? Gibt es ein Gartenhaus? Wofür ist es vorgesehen?
- Pflegen Sie Ihren Garten selbst oder haben Sie Angestellte, die sich darum kümmern?

## Der Entwurf der Lebensgemeinschaft

- Welche Menschen/Lebewesen gehören in Ihre häusliche Lebensgemeinschaft? Oder wären Sie nur ganz alleine glücklich?
- Können Sie sich Ihre Eltern/Großeltern/Kinder als Teil der Gemeinschaft vorstellen? Unter welchen Bedingungen, wie räumlich positioniert? Hat die Wohnung der Eltern einen eigenen Eingang? Wie oft sieht man sich? Welche Funktion haben die Eltern/Kinder in der Lebensgemeinschaft?
- Haben Sie Hausbedienstete? Welche Dienste werden von ihnen erledigt? Wo leben diese Bediensteten?
- Welche Haustiere gehören dazu? Gibt es andere Wesen, die Teil Ihrer Lebensgemeinschaft sind?

## Der Entwurf des Hauses

Machen Sie einen Rundgang um das Haus:

- Aus welchem Material ist das Haus gebaut?
- Ist das gesamte Haus unterkellert?
- Wie viele Etagen gibt es?
- Wie hoch ist das Dach?
- Sind die Fenster eher groß oder klein? Gitter davor?
- Was liegt im Norden, Osten, Süden, Westen?
- Wie sieht der Hauseingang aus? Gibt es eine Garage, Stellplätze?
- Gibt es einen Wintergarten? Ein Atelier?
- Sind Terrasse, Balkon, Swimmingpool vorgesehen?
- Wo ist der Spielbereich für die Kinder?

## Der Entwurf der Zimmer

- Hat das Haus Kellerräume? Was befindet sich dort?
- Werfen Sie einen Blick in die Küche! Ist es eine Wohnküche? Größe, Farbe?
- Wie sind die Wohnräume gestaltet? Wohnlich? Repräsentativ? Größe? Farbe?
- Wie sind die Schlafräume? Groß, klein, kalt, warm?
- Gibt es Arbeitsräume? Hobbyräume? Größe, Farbe?
- Gibt es ein Gästezimmer, eine Gästewohnung?
- Sind die Zimmer hell oder eher dunkel?
- Wie reich ist die Pflanzenwelt in den Zimmern?

Lassen Sie Ihrer Fantasie freien Lauf. Die Fragen können nicht mehr als Anregungen sein.

Und doch kommt jetzt die entscheidende Frage:

## Was für ein Mensch lebt in einem solchen Haus?

Wenn Ihr so ausgemaltes Traum-Haus ein Spiegel für Ihr Selbst-Bild ist, sagt dieses Haus über SIE aus:

- wie viel Platz, Licht, Ruhe Sie für sich in Anspruch nehmen
- wie es um Ihre innere Größe bestellt ist
- ob Sie Geselligkeit oder Zurückgezogenheit bevorzugen
- ob die einzelnen Lebensbereiche in der Balance sind (Leben, Arbeit, Schlaf; findet überhaupt Arbeit statt?)
- wie Ihnen die Verbindung mit der Erde und dem Himmel gelungen ist
- ob Ihre Substanz, Ihr Wesen zu spüren ist
- inwieweit Sie Ihren Charakter, Ihre Individualität und Ihre Einzigartigkeit verwirklicht haben
- wie groß Ihre Fantasie ist

Bringen Sie so das Bild Ihres Traumhauses und Ihr SELBST-Bild immer mehr in Resonanz und Übereinstimmung.

# KAPITEL 5

# KONSTRUKTIONSPLAN: SCHREIBEN SIE JETZT IHRE WUNSCHBIOGRAFIE

Nachdem Sie nun ein klares, farbenprächtiges und dreidimensionales Bild Ihres Traumhauses (lies: Ihres traumhaften und märchenhaften Lebens) entworfen haben, lade ich Sie zum nächsten Schritt ein: Werden Sie der Autor Ihrer eigenen Wunschbiografie!

## Jedes Leben ist eine erzählte Geschichte!

Überlegen Sie einmal kurz, wie oft Sie auch in Selbstgesprächen einem anderen Menschen etwas aus Ihrem Leben erzählen. Es wird Zeit, dass Sie die Autorenschaft über Ihr Leben selbst übernehmen. Erzählen Sie jetzt Ihre Geschichte! Machen Sie daraus den Bestseller Ihres Lebens.

Wie anfangen? Natürlich VOM ENDE! Überlegen Sie nur einmal kurz, wie Sie Ihr Leben von jetzt an weiterschreiben würden. Die meisten würden erschrecken: Nein, in einer solchen Fortsetzung soll mein Leben nicht enden! Sie erinnern sich an den Spruch der Chinesen, den ich anfangs zitiert habe: „Wenn wir unsere Richtung nicht ändern, landen wir wahrscheinlich da, worauf wir uns zubewegen." Also ÄNDERN SIE jetzt die Richtung!

Es gibt ein merkwürdiges Phänomen: *Viele Menschen wollen ihr Leben ändern, sind aber nicht bereit, sich zu ändern.* Die nahe liegende Frage lautet also: Wie soll Ihr Leben denn enden?

## Was wäre für Sie ein wirklich erfülltes Leben?

Unsere Übung zur Imagination Ihres Traumhauses hat Ihnen dazu schon den Schlüssel geliefert! Transformieren Sie Ihr Traumhaus jetzt in ein traumhaftes, erfülltes und erfolgreiches Leben. Sie haben die innere Dimension dazu bereits im letzten Kapitel geschaffen.

Mit der Frage, was für Sie ein wirklich erfülltes Leben ist, können Sie den dramatischen Perspektivenwechsel vornehmen, von dem ich schon gesprochen habe. Ihr Leben JETZT aus der Perspektive eines erfüllten Lebens zu betrachten hat gleich zwei Vorteile:

- *Sie können damit SOFORT die Richtung Ihres Lebens verändern.*
- *Sie können Ihre ganze Vergangenheit in einem neuen Licht sehen!* Dann ergeben alle „Niederlagen", „Feh-

ler", „Misserfolge" einen ganz anderen SINN. Plötzlich werden sie aus der Perspektive des erfüllten Lebens zu LEKTIONEN, die Sie lernen mussten, um Ihr Leben in die Erfüllung zu führen.

Ich empfehle Ihnen, diese Wunschbiografie wirklich aufzuschreiben! Erinnern Sie sich an das machtvolle Wort des Pharao: „So steht es geschrieben, so soll es geschehen!"

Das Aufschreiben ist ein Quantensprung zur Realisierung, zur schöpferischen Manifestation. *Es ist Ihr Konstruktionsplan an das Leben!* Dann haben Sie als Lebensarchitekt Ihren Job getan, können loslassen und dem Leben die Aufgabe überlassen, Ihr erfülltes Leben nach den Plänen in der materiellen Welt zu realisieren.

## Der Schlüssel ist Gedankendisziplin

Statt Regisseur und Autor unseres eigenen Lebens zu sein, führen wir am Fernseher oder im Kino ein Leben aus zweiter Hand. Leider machen viele Menschen ständig eine „geistige Abmagerungsdiät" mithilfe von Boulevardzeitungen, Fernsehen, schockierenden Filmen und banaler Lektüre. Diese „geistige Abfallnahrung" führt zwangsläufig zu einer geistigen Unterernährung und zu schlechter Gesundheit.

Es gibt zwar keinen Menschen, der nicht denkt, aber kaum jemand macht sich Gedanken über seine Gedanken. Wir denken drauflos, als ob Gedanken wirklich frei wären, dabei hat jeder Gedanke eine sofortige Wirkung auf unser Leben, verwirklicht, was er beinhaltet, und bestimmt letztlich unser Schicksal. Gedanken sind zwar stumm und unsichtbar, aber keineswegs wirkungslos!

Wenn SIE *Ihre Gedanken nicht beherrschen, ist niemand da, der das für Sie tun könnte. Sobald Sie aber Ihre Gedanken ordnen, ordnet sich auch Ihr Leben.* Der Schlüssel zur Beherrschung des Schicksals heißt: GEDANKENDISZIPLIN.

Die meisten Menschen glauben allerdings, dass sie ihr Leben selbst bestimmen. In Wirklichkeit wird ihr Leben bestimmt von ihren selbst gewählten oder anerzogenen Verhaltensmustern, von ihren Vorstellungen und Wünschen und Sehnsüchten, von der Meinung der anderen, ihren Erwartungen und der Rolle, die sie spielen. Also, lassen Sie nicht länger zu, dass Sie „gelebt werden", sondern fangen Sie an, selbst zu leben.

Machen Sie sich frei von allem, was nicht mehr wirklich zu Ihnen gehört. Sorgen Sie dafür, dass Sie am Ende Ihres Lebens sagen können: „Ich habe wirklich gelebt!" Viele sterben, ohne je wirklich gelebt zu haben!

Gedankendisziplin ist ein kleiner Schlüssel, der selbst nur wenige Gramm wiegt, aber eine Tresortür öffnen kann, die viele Tonnen wiegt. Nur mit Gedankendisziplin können wir unsere Erkenntnisse in die Tat umsetzen, die richtigen Ursachen schaffen und so die erwünschten Wirkungen hervorrufen. Nur mit Gedankendisziplin werden wir zum Gestalter unseres Lebens.

Leben heißt lernen. Wir alle müssen ein Leben lang lernen, besonders auf dem Weg der Selbstverwirklichung müssen wir ständig an uns arbeiten, sonst wird an uns gearbeitet. Wir haben nur die Wahl, wie wir lernen wollen: auf dem königlichen Weg, das heißt freiwillig durch Erkenntnis, oder auf dem üblichen Weg, das heißt durch das Leid. Das Schicksal ist der beste Therapeut, es heilt jeden. Ein jeder aber bestimmt, auf welchem Weg das geschieht.

Oft sind es scheinbar Kleinigkeiten, die es zu lernen gilt: Pünktlichkeit, Zuverlässigkeit, Konzentration oder Disziplin. Vor allem aber Ehrlichkeit – und besonders Ehrlichkeit vor sich selbst.

Im Leben schreitet der am sichersten voran, der am besten vorbereitet ist, der seine Kräfte optimal einzuschätzen und seine Möglichkeiten voll auszuschöpfen weiß.

Jeder muss erkennen, wo er steht, und sich klar werden, wohin er will, welche Hindernisse und Blockaden vorhanden sind und wie er sie beseitigen kann, was er lernen, sich abgewöhnen oder auflösen muss, um sein Ziel schneller, besser und sicherer zu erreichen. Mitunter werden wir sogar dabei erkennen, dass der eingeschlagene Weg überhaupt nicht zum Ziel führt, und müssen einen neuen Weg finden. Nur wer ein klares Ziel hat, kann ankommen. Wer sich innerlich fest entschieden hat, der hat 70 Prozent der Arbeit getan.

Wenn etwas nicht stimmt in unserem Leben, müssen wir uns ändern!

# So steht es geschrieben, so soll es geschehen!

Sie haben sich Ihr Traumhaus ausgemalt und jetzt schreiben Sie das letzte Kapitel Ihres Lebens auf. Gehen Sie – wie wir das schon an vielen Stellen des Buches getan haben – in das „Bild des erwünschten Endzustands" und beschreiben Sie, wie sich Ihr Leben erfüllt hat.

## Machen Sie sich Gedanken zu folgenden Fragen

- Welche Spuren hinterlasse ich, welches ist mein geistiges Erbe?

---

- Wie sterbe ich, in welchem Alter und wo?

---

- Was habe ich in der materiellen Welt erreicht, was in der geistigen?

---

- Welchen Beitrag habe ich für andere geleistet, für die Menschheit?

---

- Was kann ich als mein Lebensglück bezeichnen, was als meinen Lebenserfolg?

---

- Kann ich gehen, weil ich meine Aufgabe erfüllt habe?

---

## Der Umgang mit der eigenen Biografie

Jeder Lebenslauf ist anders. Das macht die Beschäftigung so interessant, vielseitig, aber auch scheinbar schwierig. Nur wenig ist festgelegt und auch das können wir jederzeit ändern. Das Faszinierende ist: Durch JEDES Leben zieht sich ein roter Faden, den es zu erkennen gilt. Dabei stoßen wir auf Wiederholungen, als würde das Schicksal bestimmte Umstände immer wieder herbeiführen, weil offensichtlich etwas Bestimmtes noch zu lernen ist. Wenn wir die Grundzüge unseres Lebens erkannt haben, können wir in Zukunft unser Leben bewusster gestalten, können es wirklich „führen" und Entscheidungen wirklich „treffen".

Vor wenigen Jahrzehnten interessierte man sich vor allem für die Biografien außergewöhnlicher Menschen, während die eigene Biografie meist unbeachtet blieb. Überschauen wir aber die eigene Biografie, erkennen wir, dass dahinter eine bestimmte Idee steht, eine Absicht und ein bestimmtes Ziel, eine „Mission". Erkennen wir sie nicht, dann „stimmen" unsere Entscheidungen nicht und das Leben wird eine ständige Krise. Kaum jemand aber versteht die Krise als Botschaft und Chance.

So hat jedes Leben bestimmte Rhythmen, die es zu erkennen gilt. Dazu gehören auch immer wieder „Wartezeiten", in denen scheinbar gar nichts Wesentliches geschieht. Dabei zeigt eine Wartezeit nur, dass wir am Zug sind und das Leben wartet, dass wir endlich den „notwendigen" Schritt tun.

Wir sollten uns einmal fragen, WER der Autor unserer Biografie ist. Überlassen wir unsere Biografie dem Zufall? Wenn wir unser Leben Revue passieren lassen, erkennen wir schnell, dass die Ereignisse nicht zusammenhanglos und zufällig sind, sondern immer wird der rote Faden sichtbar. Da begegnen wir plötzlich einem Menschen, der einen wichtigen Impuls gibt. Ein Unfall, eine Erbschaft oder ein Konkurs ändert plötzlich die Lebensumstände. Dahinter steht immer unsere eigene, meist unbewusste Lebensabsicht. Kennen wir sie und folgen wir ihr, können wir uns diese Ereignisse ersparen, sie sind nicht mehr „not-wendig".

Wenn wir dem roten Faden in unserem Leben folgen, braucht uns das Leben nicht mehr schmerzhaft aufmerksam zu machen, dass wir vom Weg abkommen oder dass jetzt ein ganz neuer Schritt fällig ist. So wird unser Leben mehr und mehr zu unserer Lebensphilosophie. So können wir die eigene Biografie erkennen, annehmen und verwirklichen. Wir haben aber auch die Freiheit, eine ganz neue Biografie zu schreiben, unsere „Wunschbiografie", und sie zu verwirklichen.

Dabei kommen wir alle sieben Jahre auf eine höhere Stufe. Die innere Wirklichkeit hat sich gewandelt und zieht nun auch im Außen andere Umstände an. Wir finden dabei auch in dem Sieben-Jahres-Rhythmus eine bestimmte Gesetzmäßigkeit. So braucht es eine Anlaufzeit von etwa zwei Jahren, bis sich die eigentliche Gesetzmäßigkeit des Jahrsiebtes zeigt. In den folgenden drei Jahren stehen wir mitten in deren Energie und in den letzten zwei Jahren besteht unsere Aufgabe darin, das Erlebte aufzuar-

beiten und uns auf die nächste Lebensphase vorzuberei-
ten, die von der Zukunft her schon sichtbar wird.

## Das Leben in die Hand nehmen: Arbeit an der eigenen Biografie

Der Lebenslauf lässt sich in drei große Abschnitte eintei-
len. Der erste Abschnitt ist geprägt von der körperlichen
Entwicklung. Er reicht etwa bis zum 21. Lebensjahr. Es ist
die Vorbereitung.

Der mittlere Abschnitt stellt uns die große Aufgabe der
seelischen Entwicklung, der Selbsterkenntnis und Selbsterziehung, die zur Selbstverantwortung führen. Wir üben
einen Beruf aus, gründen eine Familie, bauen ein Haus,
machen Karriere. Wir erleben zwischenmenschliche Beziehungen, Liebe, Freundschaft, Partnerschaft und erreichen allmählich so unsere psychische Reife.

Im dritten Lebensabschnitt sollten dann die Früchte
sichtbar werden. Der Körper baut allmählich ab, die
Entfaltung des Geistes steht im Mittelpunkt. Wir wenden
uns größeren Zielen zu und erwachen zu einem immer
höheren Bewusstsein.

Jede dieser drei großen Phasen kann jeweils in drei
kleinere Abschnitte unterteilt werden und so ergibt sich
das Jahrsiebt.

### Das erste Jahrsiebt

Das erste Jahrsiebt dient der Aufgabe, seine Individualität
in den Körper einzubringen und ihn zu formen. Es ist das

geistige Erwachen im Körper, aber noch empfangend, wir reagieren auf die Umwelt, lernen durch Nachahmung. In diesem Abschnitt liegt auch das erste „Ich-Erlebnis". Etwa mit drei Jahren erkennen wir uns als ein „Ich", getrennt von den anderen – die „geistige Abnabelung" erfolgt. Ab hier beginnt auch unsere Erinnerungsfähigkeit, denn nur ein „Ich" kann sich an sich erinnern.

## Das zweite Jahrsiebt

Im zweiten Jahrsiebt werden die Lebenskräfte frei, die für die Gestaltung des Körpers gebraucht wurden. Das Kind ist damit schulreif und aufnahmefähig. Wir lernen nur noch zum Teil durch Nachahmung, sondern prüfen schon, ob es uns entspricht. Die Schule ist unser Hauptaufenthaltsort und die Lehrer nehmen einen wichtigen Platz in unserem Leben ein als Vermittler zwischen der Welt und dem Wesen.

Ist die Erziehung zu autoritär, besteht die Gefahr, dass wir uns zurückziehen und introvertiert werden. Es braucht dann später viel Selbsterziehung, damit wir wieder aus uns herauskommen. Ist die Erziehung nicht autoritär genug, entwickeln wir zu wenig Innerlichkeit, kommen wir zu wenig zu uns selbst. Die Mitte finden wir, wenn die Erziehung Autorität mit Liebe verbindet.

## Das neunte Lebensjahr

Um das neunte Lebensjahr findet eine große Veränderung statt. Wir fangen an zu vergleichen, stellen plötzlich fest, dass andere reicher sind als wir, dass die Eltern des

Freundes viel liebevoller sind als die eigenen usw. Wir werden uns unserer Gefühle bewusst, besonders durch die Auseinandersetzung zwischen dem „Ich" und dem „Du". Dieser Abschnitt ist entscheidend für unsere Beziehungsfähigkeit. Dazu kommt noch die Erfahrung der Pubertät, auf die wir überhaupt nicht vorbereitet sind. Von außen bekommen wir kaum Hilfe. Wir sind hin- und hergerissen zwischen zwei großen Kräften, unserem Ideal und unseren körperlichen Bedürfnissen, die immer stärker werden. Diese innere Zerrissenheit zeigt sich als Unzufriedenheit mit der Welt oder gar Rebellion.

## Das dritte Jahrsiebt

Im dritten Jahrsiebt möchten wir am liebsten die ganze Welt verändern – neue Gewohnheiten in der Familie einführen, die Gesellschaft umkrempeln. In dieser Zeit ist es unsere Aufgabe, Denken, Fühlen und Wollen in Einklang zu bringen. Der eigene Wille wird noch nicht beherrscht und viele lernen es ein Leben lang nicht. Um eine gewisse Ordnung in das eigene Leben zu bringen, entsteht oft das Bedürfnis, ein Tagebuch zu führen. Mit 18 Jahren und 7 Monaten erleben wir unseren ersten Mondknoten. Das ermöglicht uns, den eigenen Schicksalsweg deutlicher zu erkennen. Es ist die dritte „Ich-Geburt", die Geburt des Willens und der Aktivität. Viele wollen in dieser Zeit in die Welt hinausgehen, den eigenen Weg finden.

Das 21. Jahr ist meist eine Zeit der Krise. Zweifel kommen auf und Konfliktsituationen entstehen. Es ist die Krise der „Ich-Findung". Ist dies wirklich MEIN Beruf? Oder haben mich meine Eltern beeinflusst? Sind dies meine charakteristischen Eigenschaften oder bin ich nur ein Produkt meiner Erziehung? Es ist die Zeit der Abwendung vom Bisherigen, der Versuch loszulassen, was nicht wirklich zu mir gehört.

## 21. bis 28. Lebensjahr

Der Abschnitt vom 21. bis zum 28. Lebensjahr dient dazu, zu lernen, sein Leben zu „führen". Die meisten lernen das ein Leben lang nicht. Wir lernen, den eigenen Willen zu beherrschen, aber auch ein Musikinstrument, eine Situation. Aber in dieser Zeit bilden sich auch die Lebensfreundschaften. Wir werden Mitglied in Vereinen, erleben unsere Freizeit mit Gleichgesinnten usw. Und wir wählen in dieser Zeit unseren Partner. Wir sind noch voller Idealismus und Enthusiasmus und glauben, dass wir alles vollbringen können. In dieser Zeit schaffen wir das Fundament unserer Persönlichkeit und unseres Lebens. Wir ziehen in die Welt hinaus und sammeln Erfahrungen. In dieser Zeit fallen wir leicht in Rollen und es ist uns sehr wichtig, was andere von uns halten.

Um das 28. Lebensjahr erwacht die eigene Genialität. Wir lassen vertraute Eigenschaften und Verhaltensweisen zurück, nehmen neue an – wir wandeln uns. Wir wachsen im Umgang mit Schwierigkeiten und Hindernissen und integrieren das Ergebnis in unser Sein.

So entstehen neue Fähigkeiten. Wir prüfen kritisch den Rucksack unserer Vergangenheit, lassen los, was wir nicht mehr brauchen, und optimieren, was wir vorfinden. Wir finden unseren eigenen Rhythmus, unsere Art zu leben. Die Zeit um das 28. Lebensjahr ist eine Zeit der Umwandlung und führt oft in einen inneren Zwiespalt. Es ist aber auch die Zeit der entscheidenden Begegnungen – mit einem Menschen, einer Idee, einem Ziel.

## 28. bis 35. Lebensjahr

Der Abschnitt vom 28. bis zum 35. Lebensjahr ist oft geprägt von Krankheit, aber auch der Durchbruch zum Bewusstsein. Die Christus-Kraft regt sich. Es ist die Zeit, Toleranz, Liebe und Mitgefühl zu entwickeln. Der Mann bekommt in dieser Zeit Kontakt zu Frau und Kind, zum Gefühl und seinen weiblichen Wesensanteilen, seiner Anima. Die Frau sollte in dieser Zeit ihr Denken und Wollen entwickeln, ihren Animus betonen.

## 35. bis 42. Lebensjahr

Der Abschnitt vom 35. bis zum 42 Lebensjahr hat uns in die Mitte unseres Lebens geführt. Wir stehen mit beiden Beinen im Leben. Jetzt lösen wir uns langsam vom Körperlichen, Materiellen und streben wieder aufwärts. Wir fühlen uns im Beruf und zu Hause sicher und sind bereit für neue Herausforderungen. Die eigene Lebensabsicht wird deutlicher und wir wenden uns unseren Aufgaben zu. Unser Geist ist nicht mehr beschäftigt mit dem körperlichen und seelischen Aufbau und richtet sich mehr in die Zukunft. Wir legen unsere Ideale ab und wenden uns der Realität zu. Illusion verschwindet und Wirklichkeit wird sichtbar. Wir betrachten die Dinge klarer und kritischer und werden immer mehr mit unseren Grenzen konfrontiert. Die Abhängigkeit vom Partner verringert sich – wir werden immer mehr wir selbst und lassen auch dem Partner seine Individualität.

Mit dem 37. Lebensjahr kommen wir zum zweiten Mondknoten. Das verstärkt den Impuls, die Vergangenheit abzustreifen und sich Neuem zuzuwenden. Ein neuer Beruf, ein anderer Partner, ein neues Ziel. In dieser Phase der Veränderung begegnen viele dem Tod, dem eigenen bei einem Unfall oder einer schweren Krankheit oder dem Tod eines geliebten Menschen.

Das 42. Lebensjahr bringt meist wieder eine Krise, die Midlife Crisis, ein Wendepunkt in der Biografie eines jeden Menschen. Es ist eine existenzielle Krise der Werte und Anschauungen. Erst wenn wir sie überwunden haben, sind wir ganz erwachsen geworden.

## 42. bis 49. Lebensjahr

Der Abschnitt vom 42. bis zum 49. Lebensjahr bringt noch einmal einen neuen Impuls, neue Ansichten und neue Kreativität. Es ist der Weg zum weisen Vorgesetzten oder zur unmöglichen Person.

Es ist an der Zeit, das eigene Leben von einer höheren Warte aus zu betrachten. Wir sehen klar die Schwierigkeiten des anderen und wie er sie einfach vermeiden könnte, aber die erwachende Weisheit zwingt uns, dem anderen

die eigene Erfahrung nicht vorwegzunehmen, uns zurück-
zuhalten, bis der andere unseren Rat einholt. Im Betrieb
ist es nun an der Zeit, für einen Nachfolger zu sorgen.
Daraus entsteht auch ein ganz neuer Führungsstil – als
Primus inter Pares.

## 49. bis 56. Lebensjahr

Der Abschnitt vom 49. bis zum 56. Lebensjahr zwingt
uns, einen neuen Rhythmus zu finden, nach innen zu
lauschen und „stimmig" zu leben. Leben wir nicht
unseren Rhythmus, droht ein Herzinfarkt. Leben wir aber
stimmig, ist dies ein sehr harmonischer Lebensabschnitt.

Mit dem 56. Lebensjahr erleben wir den dritten
Mondknoten und der zwingt wieder zum Loslassen.
Haben wir diese Lektion bis dahin noch nicht ausrei-
chend gelernt, kann diese Zeit wieder sehr schmerzhaft
werden. Wir müssen uns von unserem bisherigen Leben
lösen und der erwachten eigenen Weisheit folgen. Die
Fähigkeit zur Intuition ist jetzt bereit durchzubrechen und
damit die Wahrnehmung der Wirklichkeit hinter dem
Schein.

## 56. bis 63. Lebensjahr

Der Abschnitt vom 56. bis zum 63. Lebensjahr ist meist
eine schwierige Zeit der Introversion. Es ist auch die
mystische Phase und die Gelegenheit, zum geistigen
Führer zu werden. Wir kommen nun unmittelbar in
Berührung mit der eigenen Geistigkeit und leben im
Idealfall von nun an in ständigem Kontakt mit der

eigenen Intuition. Das führt oft zu einer Umstellung der Ernährung oder des ganzen Lebens. Manche gehen bereits in den Ruhestand, andere dagegen kommen erst jetzt in ihrem Beruf zur vollen Entfaltung. Wir schauen auf unser Leben zurück, erkennen, was noch zu tun bleibt. Die Frau bekommt nicht nur eine tiefere Stimme durch die Veränderung der Hormone, sondern erlebt auch häufig eine lang ersehnte Befreiung. Der Mann will oft noch einmal zeigen, was in ihm steckt, ein letztes Aufbäumen der Lebenskräfte. Die Eigenarten des Einzelnen kommen nun stärker zum Vorschein. Das führt zu vermehrtem Nörgeln oder zu Verständnis und Respekt, oft auch nur zu getrennten Schlafzimmern.

## 63. bis 70. Lebensjahr

Der Abschnitt vom 63. bis zum 70. Lebensjahr wird oft wie eine Neugeburt erlebt. Viele kleine Beschwerden verschwinden und die Gesundheit bessert sich wieder deutlich. Die Änderungen nach dieser Zeit sind nicht mehr so deutlich. Geist und Seele lösen sich mehr und mehr vom Körper und so wird der Körper nicht mehr zum Spiegel unserer Disharmonien im Bewusstsein; körperliche Leiden verschwinden oft ganz in dieser Zeit. Wir können uns mehr sozialen oder künstlerischen Aufgaben zuwenden. Es ist auch eine Zeit des Staunens: über die Menschen, die Natur, die Enkelkinder. Geduld und Güte treten hervor und ein starkes Gefühl der Dankbarkeit. Viele werden in dieser Zeit erst richtig jung.

## 70. bis 77. Lebensjahr

In dieser Zeit werden wir Bürger des Kosmos und erleben die Schönheit der Welt auf eine ganz neue Weise. Es ist an der Zeit, auch unser Karma loszulassen und uns vom Rad der Wiedergeburt zu entbinden. Zeit der Ruhe, des Mitgefühls, aber auch Zeit, wirklich zum Segen zu werden.

## 77. bis 84. Lebensjahr

Der Abschnitt vom 77. bis zum 84. Lebensjahr lässt uns zeitlos werden. Es ist, als hätten wir kein Alter mehr. Es ist an der Zeit, uns mit der Vergangenheit und unserem Leben zu versöhnen. Für viele aber ist es ein ganz neuer Anfang. Der Jüngling bricht noch einmal durch – viele Meisterwerke sind in dieser Zeit entstanden. Doch wichtiger ist, in dieser Zeit bereit zu sein, den Körper loszulassen und wirklich frei zu sein.

Doch ganz gleich, wo wir stehen, können wir unser Leben sichtbar machen, indem wir für jedes Jahrsiebt ein Bild malen, aus dem unser Lebensgemälde entsteht, das unseren Lebenslauf darstellt.

Wir können auch jedem Jahrsiebt eine Farbe geben. Oder für jeden Lebensabschnitt ein Tier oder einen Baum zeichnen. Wir können die eigene Biografie als ein Märchen erzählen oder aufschreiben – als Lebensroman. Erkennen wir dabei, dass wir unsere Jugend versäumt haben durch falsche Erziehung, zu frühe Verantwortung oder Krieg, können wir nun das scheinbar Versäumte geistig nachholen oder erkennen, dass wir gar nichts versäumt haben, denn in der Zeit haben wir ja anderes erlebt, das vielleicht für uns viel wichtiger war. Wir empfinden Versöhnung und tiefe Zufriedenheit mit dem, was war.

Je bewusster wir unser Leben überschauen, desto bereiter sind wir für das, was danach kommt.

## Einige Fragen zur Arbeit an der eigenen Biografie

Außer der Auflistung von Ereignissen (gute und schlechte) aus den einzelnen Lebensphasen können folgende Fragen und Gesichtspunkte eine Hilfestellung sein, für jeden Abschnitt seines Lebens den Leitfaden zu finden:

### Bis 7 Jahre:

- meine erste Erinnerung
- die ersten Sinneseindrücke
- das Heim, seine Umgebung und die Menschen, die darin wohnten
- die Beziehungen zu Vater, Mutter, Geschwistern, Großeltern. Was hatten diese für einen Beruf?
- Spiele

### Von 7 bis 14:

- die Schule, meine Lehrer, die Erziehungsmethode
- die Normen und Gewohnheiten, die mir eingeprägt wurden
- Wie war meine religiöse Erziehung?

- künstlerische Tätigkeiten, die ich ausgeübt habe (Musik, Malen, Theaterspielen, Handarbeiten, Werken, Modellieren usw.)
- Sport, Ausflüge, Naturerlebnisse
- Aktivitäten in den Ferien
- War das zehnte Jahr ein besonderes?
- Und das zwölfte Jahr?
- Welche Veränderungen haben sich mit der Vorpubertät eingestellt? Wie erlebte ich diese Veränderungen?

**Von 14 bis 21:**

- Habe ich mich in dieser Phase als Person weiterentwickelt oder wurde ich in meinen Intentionen zurückgedrängt?
- Habe ich physisch und seelisch einen privaten Spielraum gehabt?
- Welches waren meine Ideale? Welches meine Idole?
- Welche Menschen haben mich in dieser Zeit stark beeinflusst, im Positiven wie im Negativen?
- Wie habe ich meine Berufswahl getroffen? War die Zeit um 18 besonders kritisch?
- Habe ich Möglichkeiten zur Weiterbildung gehabt?

**Von 21 bis 28:**

- Habe ich den richtigen Beruf gewählt?
- Habe ich die Möglichkeit gehabt, verschiedene Arbeitsplätze kennen zu lernen?
- Habe ich verschiedene Berufserfahrungen gesammelt?

- Habe ich einen guten Chef gehabt?
- Welche Rollen habe ich übernommen? Hat eine davon mich besonders belastet?
- Was für Ideale hatte ich?
- Welche Talente habe ich zurückgelassen (die im Leben nicht von mir gefordert wurden)?
- Wie habe ich die Wahl meines Partners getroffen?
- Habe ich ein rechtes Verhältnis zur Welt, zur Organisation, in der ich lebe, und zu mir selber gefunden?

**Von 28 bis 35:**

- Konnte sich meine Individualität in dieser Zeit gut entfalten?
- War ich unterdrückt oder habe ich andere unterdrückt?
- Habe ich meinen Wirkungsort gefunden?
- Wie war mein Lebensgefühl, mein Selbstgefühl? Worin lag meine Lebenserfüllung?
- Welche bedeutenden Begegnungen hatte ich in der Zeit von 30 bis 33?
- Hat sich in dieser Zeit eine Wende, eine neue Richtung in meinem Leben gezeigt?

**Von 35 bis 41:**

- Sind neue Werte im Leben hinzugekommen?
- Konnte ich mein Leben dementsprechend umgestalten?

- Habe ich eine wesentliche Veränderung um das 37. Lebensjahr gespürt?
- Habe ich den Weg gefunden, meine Mission zu erfüllen?
- Habe ich meine Lebensfrage gefunden und mich dazu bekannt?
- Welche Illusionen habe ich in dieser Zeit abgebaut?

**Von 42 bis 49:**

- In welche Richtung habe ich neue Kreativität entfaltet?
- Neue Hobbys?
- Was habe ich an Genialität und Begabungen begraben, die ich jetzt wieder hervorholen kann?
- Habe ich mich in meiner Arbeit um Nachfolger gekümmert?

**Von 49 bis 56:**

- Konnte ich einen neuen Lebensrhythmus finden?
- Wie sieht mein Tages-, Wochen-, Monats- und Jahresrhythmus aus?
- Wo sind die verdorrten Äste meines Baumes, die ich abschneiden muss, damit Neues sprießen kann?

**Von 56 bis 63:**

- Wie sehe ich meine Biografie als Ganzes? Gibt es einen roten Faden in meiner Biografie?

- Was habe ich verwirklichen können? Welche Aufgaben möchte ich gerne noch erledigen?
- Wie gehe ich mit meinen körperlichen Beschwerden um?
- Was kann ich für die Pflege meines Körpers, ganz besonders aber auch meiner Sinne und meines Gedächtnisses tun?
- Sind Beziehungen ungelöst geblieben? Was kann ich davon noch nachholen?
- Wie steht es mit meinen Gütern?

**Von 63 an aufwärts:**

- Was möchte ich in der Zukunft noch lernen?
- Welche neuen Dimensionen meines Bewusstseins ergeben sich?
- Empfinde ich Gnade, Dankbarkeit, Heiterkeit?
- Gelingt es mir, einige Kräfte aus der Kindheit und Jugend zu erhalten? Wie?

## Erzählen Sie Ihre Lebensgeschichte neu

Jetzt kommt der spannendste Teil. Ich lade Sie ein, den vielleicht dramatischsten Perspektivenwechsel Ihres Lebens vorzunehmen!

Sammeln Sie Materialien aus Ihrem Leben, recherchieren Sie Ereignisse, die Sie in einem neuen Licht anders interpretieren. Schreiben Sie Ihre Wunschbiografie basierend auf den realen Ereignissen Ihres Lebens, die Sie jetzt aus einer positiven Perspektive betrachten. Finden Sie den roten Faden in Ihrem Leben, der von der Geburt bis hin zu einem erfüllten Leben führt. Und dann leben Sie den Rest, sodass Sie sagen können: ICH HABE WIRKLICH GELEBT!

# KAPITEL 6

# IHRE MISSION:
# LEBEN SIE IHREN TRAUM

Die meisten Menschen leben gar nicht wirklich, sie träumen nur vom Leben und sehr oft ist das ein Albtraum. Aber auch wenn es ein schöner Traum ist, es ist ein Traum. Ich kann mich gesund träumen oder erfolgreich. Ich kann mich geliebt oder liebend träumen. Ich kann von Macht, Besitz, Ruhm, Reichtum träumen, aber es bleibt ein Traum. Ich kann mich sogar erleuchtet träumen.

Will ich meinen Traum verwirklichen, muss ich AUFWACHEN – meine wahre Identität erkennen, annehmen und leben, mich als Schöpfer erkennen, der zunächst auf der Traumebene geübt hat. Nun aber wartet die Wirklichkeit darauf, von mir bestimmt zu werden. Und alles ist möglich – es gibt keine Grenzen – außer denen, die ich mir selbst schaffe. Auch auf der Ebene der Wirklichkeit kann ich alles schaffen, nicht nur träumen, sondern bewusst erleben.

## Auf der Suche nach SICH SELBST

Schauen wir noch einmal zurück, wie es begann. Unser ganzes Leben ist eine Reise durch ein unbekanntes Land. Als Orientierungshilfen dienen uns anfangs Erfahrungen und Verhaltensmuster, später Theorien, Weltbilder und Philosophien. Von Zeit zu Zeit zwingen uns Unwegsamkeiten innezuhalten: Krankheit, Unglück, Trennung oder Tod fordern uns auf, die „Wirklichkeit hinter dem Schein" zu erkennen.

Dann, irgendwann auf unserer Suche, finden wir die schöpferische Imagination. Ein ganz entscheidender Schritt auf dem Weg. Wir erleben uns als Schöpfer, erkennen und nutzen die schöpferische Kraft und gestalten unser Leben und unser Schicksal. Wir erkennen unser eigentliches Sein und unsere Fähigkeit, alles zu erreichen und zu verwirklichen, was uns wichtig ist.

Sobald Sie sich auf den Weg gemacht haben, beginnt das eigentliche Leben. Sie haben die Wahl, noch viele Jahre zu warten oder sogar einige Inkarnationen, aber Sie können dieses wahre Leben auch genau JETZT beginnen, in diesem Augenblick, denn die beste Zeit ist immer JETZT!

Sie werden auf diesem Weg Fähigkeiten und Kräfte in sich entdecken, von denen Sie gar nicht wussten, dass es sie gibt. Und das Leben wird Ihnen Möglichkeiten bieten, von denen Sie bisher nicht einmal gewagt hätten zu träumen. Doch das alles ist Ihr geistiges Erbe und wartet seit ewigen Zeiten darauf, dass Sie erwachen und es in Besitz nehmen.

Was sucht der Manager auf der Karriereleiter, der Kranke beim Wunderheiler, der verliebte Teenager bei seinem Partner, der Suchende bei seinem spirituellen Lehrer? Sie alle suchen nur eines – sich selbst und ihre Lebenserfüllung. Sie wollen endlich nach Hause kommen, aufhören zu suchen. Aber sie können erst aufhören zu suchen, wenn sie gefunden haben.

Dabei ist alles im Grunde ganz einfach. Das Blatt löst sich im Herbst ganz von selbst vom Baum. Der Schnee fällt, der Frühling kommt, das Gras wächst. Alles ganz leicht, ohne Angst, ohne Festhalten, ohne Therapie, ohne Trauma. Das Drama ist nur eine Illusion, die Wahrheit ist einfach. Sie ist weder gut noch schlecht, sie *ist* einfach!

## Das Spiel des Lebens und seine Regeln

- Das „Spiel des Lebens" wird mir zur Freude gespielt. Ich bin ab jetzt Spieler, nicht mehr Spielfigur.
- Schwierigkeiten machen das „Spiel des Lebens" erst interessant. Jedes gelöste Problem bringt mir eine Erkenntnis: „Mein Platz ist dort, wo ich gerade stehe."
- Ich selbst bestimme mein Schicksal, ich muss es ertragen und nur ich kann es ändern, bestimme alle Umstände.
- Meine Lebensumstände sind ein „Spiegelbild meines Bewusstseins". Ich lasse jetzt los, was nicht mehr wirklich zu mir gehört.

- Meine größte Erkenntnis: Ich bin ein Schöpfer.
- Ich kann alles erreichen, was ich DENKEN, IMAGI-NIEREN und GLAUBEN kann.
- Wenn mir mein Leben nicht gefällt, kann ich es ganz einfach ändern, indem ich mein Bewusstsein ändere.
- Es ist der Sinn des Lebens, auf Entdeckungsreise zu gehen, das Abenteuer Leben bewusst zu erleben und wirklich zu genießen, denn das „Spiel des Lebens" findet mir zur Freude statt.
- Meine Aufgabe ist, das Gelernte in Leben umzuwandeln. Nicht totes Wissen anzusammeln, sondern mein Bewusstsein zu erweitern.
- Das Schicksal ist nur ein Spiegelbild meines „Soseins". Jeder bekommt vom Schicksal das, was er verursacht.
- Leben heißt lernen. Vor allen Dingen lernen, die unwiderstehliche Macht des Denkens verantwortungsbewusst zu nutzen.
- Leben heißt lernen: das Richtige zu tun, das Notwendige nicht zu unterlassen und das Falsche nicht zuzulassen.
- Meine Vergangenheit ist vorbei und kommt nie mehr wieder.
- Also lerne ich daraus und lasse sie los – und bin endlich frei. Es kommt immer Besseres nach.
- Leben heißt, voller Energie und Freude gesund in der Fülle zu leben, in einer erfüllenden Partnerschaft, in der man sich jeden Tag miteinander und aneinander freut.
- Leben heißt arbeiten aus Freude in einem Beruf, der wirklich Berufung ist.

- Schöpferische Imagination ist das Tor zur Wirklichkeit, sie macht die Fülle der Möglichkeit zur Realität
  in der Erfüllung.

Im Buchhandel und Internet finden Sie stets brand-
aktuelle Themen, sowie zeitlose Wissensschätze von
*Kurt Tepperwein!*

Folgende Bücher und E-Books können Sie direkt über den BoD-Verlag
(www.bod.de/www.bod.ch) detailliert einsehen, bevor Sie sich für Ihr
Wunschthema entscheiden:

*Produkte zum Wohlfühlen*
*Ausbildungen zum Durchstarten*
*DVDs zur Innenbildung*
*CDs zum Entspannen*

## Ihr Ansprechpartner
## für alle Lebensbereiche!

*„ Unsere Herzens-Aufgabe*
*ist die Bewusstseinsentfaltung."*

**E-Mail: go@iadw.com**
❖ **www.iadw.com** ❖

❖ Tepperwein-Heimlehrgänge
❖ Tepperwein-Kompaktlehrgänge
❖ Tepperwein-Ausbildungen

❖ Bücher
❖ CDs und DVDs
❖ Geschenksartikel
❖ Gesundheitsboutique

Internationale Akademie der Wissenschaften Anstalt
Postfach 1628, FL-9490 Vaduz
Tel: +423 233 12 12 / Fax: +423 233 12 14